전문 · 생활

스포츠
지도사

1급

2024 개정판

한 권으로
합격하기

전문 · 생활 스포츠 지도사

신승아 · 전기제 · 김종걸 ·
성준영 · 정덕화 지음

**현직
교수진이** 직접 집필

**9년간의
출제경향** 완벽 분석

**핵심
한 장 요약** 자료제공

좋은땅

목차

운동상해 ♡

체육측정평가론

스포츠영양학

건강교육론

운동상해

01 스포츠 손상의 예방

1) 스포츠 손상의 예방 대책

(1) 경기 참가 전 신체검사
- 경기 중 손상 예방 및 손상 정도를 파악하기 위해 기초정보를 파악하기 위해 실시
- 종목 특성에 따라 경기 참가 전 신체검사 항목에는 차이 존재

(2) 신체검사 항목
가. 병력: 과거의 진단, 수술 경험, 섭취 약물, 심혈관계 질환, 가족력, 내과적 소견 등

나. 개인력: 운동성 가슴통증 및 호흡곤란, 실신한 병력, 고혈압, 심잡음 등

다. 가족력: 친척 중 심장질환으로 50세 이전에 조기 사망, 가족 중 심장질환, 50세 이전에 심장병으로 인한 장애

라. 신체검사: 심잡음, 대동맥협착증, 마르팡증후군, 혈압, 유연성, 근력, 심폐능력 등

(3) 주요 운동종목별 스포츠 손상 예방법
- 종목별 손상 부위가 다르므로 손상을 예방하기 위해서는 다양한 방법으로 접근

가. 스포츠 손상의 위험요인 [2016][2020][2023]

가) 외재적: 스포츠 시설 및 장비, 환경(기온, 습도 등), 상대방 경기력 등

나) 내재적: 연령, 성별, 병력, 체력, 근육 불균형, 부상 회복 상태, 심리적 불안정, 유연성 부족, 불충분한 휴식 등

다) 기타
  - 충분한 휴식 없이 과도한 훈련을 실시하는 경우
  - 신체구조의 불균형 및 구조적으로 이상이 있는 경우
  - 관절의 기능적·구조적 불안정성이 있는 경우

나. 스포츠 손상 예방

   가) 준비운동: 피로가 오기 전까지 15~30분가량 실시(조깅, 체조, 정/동적스트레칭 등)

> **💡 TIP**
>
> **준비운동의 효과** [2016]
> 근육 혈류 증가, 대사작용 촉진, 부상 예방, 운동수행력 증가, 근육통 해소 등

   나) 컨디션 유지: 손상 예방하기 위해 체력을 향상시키는 것이 중요한데, 이를 위해 적절한 컨디션을 유지하는 것이 중요

> **💡 TIP**
>
> **컨디션의 종류**
> - 스포츠 컨디션: 종목별로 요구되는 체력적 요인이나 기술
>   (ex: 투수의 어깨 주변 근육 강화)
> - 일반적 컨디션: 근력, 근지구력, 심폐지구력, 유연성, 민첩성, 순발력 등

   다) 테이핑 및 보호구 착용
      (가) 테이핑: 스포츠 상황(운동)에서 손상 빈도가 높은 부위에 대한 부상 예방 및 과도한 동작 제한, 치료 시 재활 보조
      (나) 보호구: 종목 특성, 내구성에 맞는 보호구 착용 권장

2) 스포츠 의학팀의 역할과 기능 [2017][2020]

(1) 스포츠 의학팀
- 선수의 부상 예방 및 치료, 경기력 향상을 위해 존재
- 부상 후 스포츠 현장으로의 빠른 복귀를 위해 치료 및 재활 운동 프로프램 처방
- 스포츠 현장으로의 복귀는 팀 주치의(의사), 트레이너, 코치진 등 협업에 의해 결정

(2) 스포츠 의학팀 접근

- 부상 예방과 응급상황에 대한 처치, 재활운동과 컨디션 관리, 손상 부위의 전문적인 처치 등 다양한 훈련이 되어 있어야 함

(3) 스포츠 의학팀 구성 인원의 역할과 책무

가. 스포츠 의학팀의 구성: 부상 선수(환자)와 관련 되어 있는 모든 사람을 포함(의사, 트레이너, 물리치료사, 간호사, 동료, 가족, 코치진 등)

나. 스포츠 의학팀의 역할: 응급처치, 치료, 재활 운동프로그램 처방 및 진행, 심리 상담 등을 통해 부상 선수(환자)를 스포츠 현장으로 복귀시키는 역할

다. 스포츠 의학팀의 책무: 부상 선수(환자)를 진단, 치료를 선택하고 재활 및 운동기능 처방을 통한 스포츠 현장으로 안전하게 복귀시키고 부상 부위의 재발을 방지해야 함

02 스포츠 손상의 위험관리

1) 환경적 고려 [2024]

(1) 열손상 [2016][2018]

- 고온다습한 환경에서 운동은 인체 체온 조절기능을 제한할 수 있음

  특히, 어린이와 고령자는 열 스트레스에 민감하므로 각별히 주의

가. 열손상의 종류

가) 열경련: 많은 양의 수분과 전해질 손실에 의해 나타나는 불수의적인 근육경련

- 특징: 운동 시 사용한 근육의 경련, 체온 상승 동반 X
- 처치: 전해질 음료, 물과 염분 섭취, 운동 전 충분한 물과 전해질 섭취 권장

나) 열탈진: 손실된 수분과 조화를 이루지 못한 수분 섭취에 따른 혈장량 감소, 비정상적인 순환계 반응이 나타나는 중등도 열 질환

- 특징: 갈증, 체중감소, 체온상승, 혈압 저하, 땀 감소, 무기력증, 어지러움 등
- 처치: 즉시 그늘에서 휴식 및 수분 보충, 심한 경우 병원 이송

다) 열실신: 과도한 열에 의한 수분 손실로 혈압이 저하되는데, 이때 뇌로 공급되는 혈액이 감소하여 나타나는 어지럼증 혹은 기절

- 특징: 40℃를 넘는 체온상승, 정신혼란 등
- 처치: 즉시 그늘에서 휴식 및 수분 보충, 심한 경우 병원 이송

라) 열사병: 지나친 체온상승으로 체온조절을 정상적으로 하지 못할 때 나타나는 생명을 위협할 수 있는 열손상 [2019][2022]

- 특징: 심부온도 41℃ 초과, 뜨겁고 붉은 피부, 고혈압, 두통, 심박수 증가, 구토 등

- 처치: 즉시 체온을 낮춰주는 응급처치 후 병원 이송

(2) 한랭손상 [2018]
- 장시간 추위나 강한 바람, 습도에 노출될 경우 발생할 수 있음
  보온 의류와 얇은 옷은 여러 벌 입는 것이 체온 유지에 도움

가. 한랭손상의 종류
  가) 저체온증: 정상체온에서 약 2℃가량 떨어져 심부온도가 35℃ 이하인 상태
    - 특징: 가벼움(35℃~34℃) → 혈압 증가, 판단력 감소 행동 변화 등
      중등도 이상(33℃ 이하) → 감정둔화, 동공확장, 심박출량 감소, 의식상실 등
    - 처치: 따뜻한 곳으로 이동, 담요, 수건 등으로 체온 올려주기

  나) 동상: 피부조직이 얼어 국소부위 혈액공급이 원활하지 않은 상태
    - 특징: 저리거나 따끔거림(약 28℃), 통증 및 마비(약 20℃이하), 날카로운 통증
    - 처치: 동상 부위 따뜻하게 유지, 동상 부위 문지르거나 물집 터뜨리는 행위 금지

(3) 고지손상
- 고지는 상대적으로 기압이 낮고 산소 농도가 낮아 발생

가. 고지대 손상의 종류 [2017]
  가) 급성 고산병: 해발 약 2,400m 이상의 고지대로 빠르게 이동할 때 공기 중 낮은 산소량으로
    신체 내에 순환되지 못할 때 발생
    - 특징: 두통, 수면장애, 어지러움, 호흡곤란, 식욕감퇴, 구토 등
    - 처치: 고지대 순응을 위해 점진적인 고도 이동(해발 약 300m 마다 1~2일 휴식), 고탄수화
      물 식이(70~80%), 고산병 증상 시 고지대 이동 자제 등

(4) 기타 요인
가. 인조 잔디 손상 [2016]
- 찰과상, 엄지발가락과다젖힘(터프토어; turf toe)이 가장 흔하게 발생

나. 수중손상

- 해수면과 다르게 압력차이가 존재, 특히 수심이 깊어질수록 압력 증가
- 증가된 압력으로 인체 내 기체 부피 감소 → 혈중 산소, 질소 용해량 증가
- 급격한 수심 이동 주의

다. 여성 운동선수 3가지 징후

- 식이장애, 무월경 혹은 월경불순, 골다공증(뼈엉성증)

2) 보호용 스포츠 장비

(1) 스포츠 장비에 대한 안전기준 및 수리

가. 스포츠 장비 안전기준

- 미국의 경우 국립운동용품기준실무위원회(NOCSAE)에서 스포츠 장비 검사 기준
- 국제적으로 사용되는 기준은 국제표준화기구(ISO)의 규격
- 우리나라 운동용품 전담 X, 국가기술표준원과 소비자보호원에서 안정성 발표

나. 스포츠 장비 수리

- 스포츠 장비 결함, 부적격한 장비로 인해 손상 시 제조사의 책임 고려
- 개인기 장비를 임의로 변형했다면 제조자의 책임은 없을 수 있음

(2) 부위별 보호 및 보조장비 [2016]

- 얼굴: 안면 보호대, 목 보호대, 구강 보호대(마우스 피스), 귀 보호대, 보호 안경
- 몸통: 스포츠 브래지어, 가슴 보호대, 어깨 보호대, 엉덩이 보호대
- 하지: 정강이 보호대, 무릎 브레이스, 무릎 보호대
- 상지: 장갑, 팔꿈치 브레이스

TIP

여성 선수의 스포츠 브래지어는 쿠퍼인대(Cooper's ligament) 신장을 예방하여 유방의 처짐을 방지하기 위한 용도 [2016][2017]

3) 붕대 감기와 테이핑

(1) 붕대 감기와 테이핑의 목적 [2016][2018]

가. 붕대
- 아물지 않는 상처 드레싱 및 손상부위 보호패드 고정
- 관절가동범위 제한 및 손상 부위 근육과 힘줄의 보조
- 부종 최소화를 위한 압박 제공

나. 테이핑
- 비신축성 테이핑(C-테이프): 관절가동범위 제한, 손상 부위 드레싱 등
- 신축성 테이핑: 통증완화, 피부와 근육사이의 공간을 넓혀 혈액순환 보조 등

(2) 붕대 감기 시 고려사항
- 적절한 관절가동범위, 혈액순환을 위해 근수축 범위에 붕대 감기
- 붕대를 최소 ½ 정도가 겹치게 감아 붕대 사이가 벌어지는 것을 예방
- 붕대가 벌어진 부분은 피부 자극과 부종 부위 압박할 수 있으므로 주의
- 붕대를 감은 후 혈액순환에 문제가 없는지 확인 (손/발가락 색 확인)

(3) 테이핑의 일반적 절차
- 손상 부위와 손상 기전을 파악
- 목적에 적합한 테이핑의 종류와 크기 결정
- 테이핑 절차와 자세, 알레르기 반응 시 증상 및 제거에 대한 주의사항 설명
- 고정 기준 테이프를 만든 후 ½ 정도가 겹치도록 먼쪽에서 몸쪽으로 처치
- 테이핑 후 혈액순환에 문제가 없는지 확인

PNF 패턴 특징 [2020][2022][2023]

관절	D1 굽힘	D1 펌	D2 굽힘	D2 펌
어깨 관절	굽힘-모음 -가쪽돌림	펌-벌림 -안쪽돌림	굽힘-벌림 -가쪽돌림	펌-모음 -안쪽돌림
어깨 뼈	올림, 벌림, 위쪽돌림	내림, 모음, 아래쪽 돌림	올림, 벌림, 위쪽돌림	내림, 모음, 아래쪽 돌림
팔꿉 관절	굽힘 혹은 펌			
아래팔	뒤침	엎침	뒤침	엎침
손목	굽힘, 노쪽 치우침	펌, 자쪽 치우침	펌, 노쪽 치우침	굽힘, 자쪽 치우침
손가락과 엄지	굽힘, 모음	펌, 벌림	펌, 벌림	굽힘, 모음
엉덩관절	굽힘-모음 -가쪽돌림	펌-벌림 -안쪽돌림	굽힘-벌림 -안쪽돌림	펌-모음 -가쪽돌림
무릎관절	굽힘이나 펌			
발목관절	발등굽힘, 안쪽번짐	발바닥 굽힘, 가쪽번짐	발바닥 굽힘, 가쪽번짐	발등굽힘, 안쪽번짐
발가락	펌	굽힘	펌	굽힘

03 스포츠 손상의 기전

1) 손상에 대한 조직 반응

(1) 치유과정 [2017]

가. 염증단계 [2018][2020][2023]

- 자극물질을 제거하며 중화시키는 과정으로 손상된 조직을 치유하기 위한 첫 단계
- 손상된 직후 치유과정은 시작되며, 조직 손상은 세포에도 직접적인 손상이 발생
- 세포 손상은 대사 변화를 통해 염증반응을 일으킴
- 염증은 대표 증상 → 부종, 통증, 기능손실, 발열, 발적
- 손상된 조직에서는 화학적 매개체(히스타민, 사이토카인 등)가 방출되어 혈관 확장, 투과성 증대, 응고물 생성을 활성화하여 세포 손상을 일으킴

 TIP

염증반응 순서
세포손상 → 화학매개체 방출 → 혈관 반응(수축→확장→부종) → 혈소판, 백혈구 혈관 침착 → 대식반응 → 응고물형성

나. 섬유아세포 회복 단계

- 손상된 조직에 반흔조직과 회복을 위한 증식과 재생활동이 일어남 → 섬유증식기
- 섬유증식기 동안 염증단계에서 나타난 반응과 증상이 사라지며, 특정 동작 시 통증 발생
- 손상된 조직에 전달하는 혈액과 산소양, 치유에 필요한 영양소의 양이 증가하는 시기
- 섬유아세포, 콜라겐, 모세혈관으로 구성된 육아조직이 응고물을 제거하면서 생성

다. 성숙-재형성 단계

- 상대적으로 긴 시간이 필요한 시기
- 반흔조직 중 하나인 콜라겐의 재배열 및 재형성이 나타남

- 콜라겐은 최대 효율을 내기 위하여 장력이 발생하는 위치로 재배열

- 약 3주가 지나면 강한 혈관이 없는 반흔조직으로 남음

- 치유과정이 완벽하게 끝나기까지는 몇 년이 소요되는 경우도 있음

(2) 연부조직의 치료

가. 연부조직

- 뼈를 제외한 모든 조직을 의미(상피 조직, 결합 조직, 근육 조직, 신경 조직)

- 세포손상 후 치유와 회복, 성숙의 과정을 거침

세포손상으로 인한 형태 변화 [2021]
- 화생(metaplasia): 조직이 비정상적인 형태로 변함
- 이/과형성(dysplasia): 비정상적인 조직 발달
- 비후(hyperplasia): 정상조직의 세포의 과도한 증식
- 위축(atrophy): 세포괴사, 흡수, 세포증식 감소에 의한 조직의 크기 감소
- 비대(hypertrophy): 세포 수의 증가 없이 크기만 증가

나. 연골의 치유

- 연골 손상은 강한 충격이나 반복적인 부하에 의해 발생

- 운동 상황에서 발목 관절(목말뼈), 무릎 관절(넙다리뼈 융기)에서 주로 발생

- 연골의 치유는 약 2개월

다. 인대의 치유

- 운동 상황에서 발목 관절(앞목말종아리인대), 무릎 관절(안쪽곁인대, 앞십자인대), 팔꿈치 관절
  (안쪽곁인대)에서 주로 발생

- 인대는 손상 후 72시간 후 부종이 감소하면 염증세포가 모여 치유과정이 시작

- 6주 이후 섬유아세포가 활성화되어 파열된 인대에 콜라겐 재배열이 일어남

- 반흔조직이 만들어지지 않거나 인대가 뼈에 부착되지 않으면 기능손실이 동반

라. 근육의 치유

- 운동 상황에서 장딴지근, 햄스트링, 넙다리네갈래근, 어깨세모근 등에서 주로 발생
- 초기에 염증 단계인 출혈과 부종이 발생
- 울프의 법칙에 따라 뼈와 연부조직에 가해지는 물리적인 힘에 의해 재배열

마. 힘줄의 치유 [2017]

- 운동 상황에서 아킬레스힘줄, 무릎힘줄, 가쪽위관절융기염 등이 주로 발생
- 힘줄은 윤활막으로 싸여 있어 다른 조직에 비해 치유가 어려움
- 염증 단계 후 콜라겐이 생성되는데 이 시기에 지나친 고정은 섬유화로 인해 기능손실이 나타날 수 있으므로 적정 강도의 스트레칭이 필요함
  (윤활막 염증: 건초염, 힘줄의 염증: 건염)

(3) 통증 [2024]

- 실재적 혹은 잠재적 조직 손상과 관련되거나 손상에 의해 호소되는 불편한 감각과 정서적인 경험

가. 통증의 종류

- 급성: 손상 후 수일 내에 발생하는 통증
- 아급성: 1~3개월가량 반복되는 통증
- 만성: 6개월 이상 지속되는 통증
- 연관통: 통증 부위와 완전히 다른 부위에서 발생하는 통증

나. 통증 관련 섬유 [2018]

	A-β 섬유	A-δ 섬유	C 섬유
수초	유수신경섬유	유수신경섬유	무수신경섬유
직경	5~12μm	2~5μm	0.4~1.2μm
전달속도	30~70m/s	4~20m/s	0.5~2.5m/s
통증전달	고유감각, 촉각, 입각	빠른 통각	느린 통각
특성	찌르는 통각	찌르는 통각	작열통 및 둔통

2) 손상의 구조와 특성

(1) 기계적 손상
- 인체 부위의 적용된 힘이 조직 및 기능에 발생하는 부정적 변화, 인체 내부의 해부학적 구조를 변화시킬 수 있음

가. 기계적 손상의 종류 [2016][2019][2021][2022][2023][2024]
- 압축력: 마주보는 방향으로 작용하는 힘에 의해 발생(관절염, 골절, 타박상)
- 장력: 서로 다른 방향으로 조직을 당기거나 늘릴 때 발생(근육좌상, 인대 삠)
- 전단력: 서로 평행을 유지하지만 엇갈린 방향으로 작용(찰과상, 척추디스크)
- 굽힘력: 2~3개의 힘이 반대쪽 끝부분에 작용하여 굽혀지는 부하, 굽혀진 면은 압축력이 발생하고 볼록한 면은 장력 발생(골절)
- 비틀림: 축에 대해 위쪽과 아래쪽 끝이 반대 방향으로 비틀려 작용(나선형 골절)

응력-장력 곡선

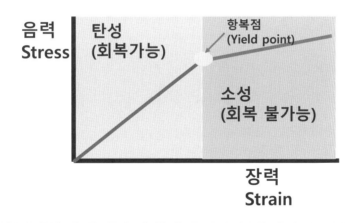

나. 근육과 힘줄염 단위 손상 [2017][2021][2022][2024]
가) 근육좌상(염좌): 근육이 장력이나 힘에 의해 과도하게 신장 되어 나타나는 손상
- 1도 좌상: 근섬유가 미세하게 찢어진 상태, 움직임 시 통증 유발

- 2도 좌상: 근섬유의 부분 파열, 움직임 시 심한 통증 유발, 근육 함몰 현상 발생

- 3도 좌상: 근섬유의 완전 파열, 관절가동범위 제한, 신경섬유파열

• 손상 직후 냉찜질 권장

나) 근통증: 격렬한 운동으로 근육의 과사용으로 인한 근육의 통증

- 급성 근통증: 운동 중 또는 운동 직후 발생하며 근피로가 동반

- 지연성 근통증: 근육 손상 후 약 12시간~48시간가량 지속되는 통증, 주로 신장성 수축에 의해 발생

다) 타박상: 압축력에 의해 연부조직 손상으로 모세혈관에 출혈이 발생된 상태, 손상 부위에 칼슘이 침착되는 골화근염이 생기기도 한다.

라) 근경련: 강한 통증이 유발되는 불수의적 근수축 [2021]

마) 힘줄좌상: 반복적이거나 강한 스트레스로 인해 힘줄이 손상 받은 상태

바) 인대손상(삠, 염좌): 강한 스트레스로 인해 인대가 늘어나거나 찢어진 상태

- 1도 삠: 관절의 불안정성 없이 인대가 늘어나거나 찢어진 상태

- 2도 삠: 인대 섬유의 부분 찢어짐, 관절의 불안정성과 통증, 부종 동반

- 3도 삠: 인대의 완전 찢어짐, 신경섬유의 파열로 통증이 없을 수도 있음

다. 활액관절 손상 [2017]

- 탈구: 정상 관절에서 하나의 뼈 이상이 배열에서 이탈된 상태

- 아탈구: 정상 배열에서 이탈되었으나 관절면의 접촉을 유지하고 있는 상태

- 윤활낭염: 힘줄-뼈, 피부-뼈, 근육-근육 사이의 마찰로 인해 관절 주변에 있는 윤활주머니에 염증이 생긴 상태

- 관절낭염: 반복적인 관절염좌나 미세손상 후 관절에 만성 염증이 생긴 상태

- 활액막염: 관절을 둘러싸고 있는 활액막이 외상이나 염증으로 인해 부종이 생긴 상태

라. 뼈 손상

- 폐쇄골절: 골절된 뼈의 움직임이 거의 없는 상태

- 개방골절: 골절된 뼈의 끝이 피부나 주변조직을 뚫고 나온 상태

일반적 골절 분류 [2020][2022][2023]

분류	내용
생목골절 (greenstick fracture)	골화되지 않은 뼈의 불완전 골절(청소년기에 주로 발생)
분쇄골절 (comminuted fracture)	골절된 뼈의 조각이 3개 이상인 골절
선단골절 (linear fracture)	뼈의 길이 방향으로 몸통 부분에서 발생 (점프나 높은 곳에서 뛰어내릴 때 발생)
가로골절 (transverse fracture)	선단골절과 반대로 뼈의 직각 방향으로 발생
사선골절 (oblique fracture)	뼈의 한쪽은 고정된 상태에서 강한 회전에 의해 발생
나선골절 (sporal fracture)	뼈가 S자 모양으로 골절된 상태

특이 형태 골절 분류 [2021][2024]

분류	내용
떼임골절 (avulsion fracture)	힘줄이나 인대에 부착된 뼈의 조각이 분리된 상태
안와골절 (blowout fracture)	안구 부위의 타격으로 인해 안와벽에 발생
함몰골절 (depressed fracture)	두개골과 같은 편평한 뼈에서 발생 (단단한 물체와 부딪혀 발생)
반충골절 (contrecoup fracture)	손상된 부위 반대편에서 발생한 골절
피로골절 (fatigue/stress fracture)	뼈의 지속적인(만성적인) 스트레스로 인해 발생 (주로 정강뼈, 종아리뼈, 발허리뼈, 발꿈치뼈에 발생)

마. 신경 손상

- 신경마비: 압박이나 타격에 의해 나타나는 신경전도가 차단된 상태
- 신경염: 반복적인 동작에 의한 자극이 원인, 경미한 신경문제 동반

신경계통 손상

뇌신경 손상	내용
Ⅰ 후각신경	후각
Ⅱ 시각신경	시각
Ⅲ 눈돌림신경	눈, 눈꺼풀 운동
Ⅳ 도르래신경	눈 운동
Ⅴ 삼차신경	얼굴감각, 혀 앞쪽 ⅔의 일반감각, 씹는 운동
Ⅵ 갓돌림신경	눈 운동
Ⅶ 얼굴신경	얼굴 표정, 혀 앞쪽 ⅔의 미각
Ⅷ 속귀신경	청각, 평형 담당
Ⅸ 혀인두신경	삼킴, 목동맥 혈압 감지, 혀 뒤쪽 ⅓의 미각/일반감각
Ⅹ 미주신경	내장, 인두, 후두 운동
Ⅺ 더부신경	목빗근, 등세모근
Ⅻ 혀밑신경	혀 운동 [2021]

말초 신경	내용
얼굴 마비	얼굴신경 손상
겨드랑신경	어깨 피부, 어깨관절 감각 저하(어깨세모근, 작은원근)
근육피부신경	아래팔의 바깥쪽 피부 감각 저하(위팔두갈래근, 위팔노근)
노신경	팔의 가쪽 뒤부분, 손등, 손가락(1~3)의 감각 저하, 손목처짐
자신경	손등, 손가락(4~5)의 감각저하, 갈퀴손 변형
정중신경	손바닥, 손가락(1~3)의 감각 저하, 원숭이손 변형, 손목터널증후군
궁둥신경	궁둥구멍증후군
정강신경	발목굴증후군

신경 손상병 제한된 움직임 [2024]

신경	움직임	신경	움직임
C1, C2	목 굽힘	T1	손가락 벌림
C3	목 옆 굽힘	L1, L2	엉덩관절 굽힘
C4	어깨뼈 올림	L3	무릎 폄
C5	위팔 벌림	L4	발목 발등 굽힘
C6	아래팔 굽힘, 손목 폄	L5	엄지발가락 폄
C7	아래팔 폄, 손목 굽힘	S1	발목 발바닥 굽힘
C8	엄지손가락 폄	S2	무릎 굽힘

04 스포츠 손상의 관리 기술

1) 스포츠 손상과 질병의 심리적 중재

(1) 손상에 대한 선수의 반응과 대응
- 운동 손상으로 인해 심리적 우울감, 허탈함, 무기력감 등을 느낄 수 있음
- 부상 선수는 심리적으로 불안한 상태이므로 심리적 안정감을 받을 수 있도록 해야 함
- 부상 선수 및 가족에게 손상 부위, 정도, 재활과정에 대해 명확하게 설명함

(2) 심리적 재활프로그램
- 심리적 이완요법
- 명상
- 음악감상

2) 경기장에서의 급성치료와 응급처치

(1) 응급처치 계획 [2018]
- 응급처치는 심혈관계 문제, 중추신경계 문제, 근골격계 문제로 나뉨
- 경기를 진행하기 전 응급상황에 대한 대비책을 세워야 함
- 경기 중 발생하는 모든 응급상황은 즉각적인 처치가 이루어져야 함
- 부상 발생 시 부상 선수와 병원까지 동행할 수 있는 사람을 지정해야 함

(2) 경기장에서의 손상 진단 원칙 [2017]
- 손상이 발생할 경우 의식 유무를 가장 먼저 확인함
- 의식이 없다면 목뼈를 안정화시킨 후 CPR 및 응급요청을 진행함
- 의식이 있다면 활력징후(vital sign)를 체크하고 근골격계 손상을 평가함

(3) 1차 검사와 2차 검사

가. 1차 검사 [2020]

- 1차 검사에서 가장 중요한 것은 생명에 지장이 있는지 없는지 파악해야 함
- 목뼈 상태를 확인하여 이상이 있다면 목뼈를 고정한 후 응급처치 실시
- 부상 선수가 안정을 찾은 후 2차 검사 실시
- 심한 출혈이 있는지 확인
- 쇼크(Shock) 여부 확인

나. 2차 검사 [2016][2022]

- 관찰할 수 있는 활력징후를 확인함

 (의식수준, 심박수, 호흡, 혈압, 체온, 피부색, 움직임, 동공 등)
- 선수의 이동은 의료진의 확인 후 이동하는 것이 바람직함
- 부상이 일어난 시기의 정보를 확인하는 것은 손상 기전을 파악하는데 도움이 됨

부상 → 1차 검사	무의식	목뼈 안정화 → 반응 확인 → 응급처치 → 병원 이송
	의식	2차 검사 → 활력징후 및 근골격계 평가 → 처치 → 필요시 병원 이송

(4) 응급처치 방법

가. 심폐소생술(CPR) [2018][2019]

- 호흡이나 심장이 멈췄을 때 인공호흡, 가슴압박을 통해 혈액순환을 유지해주는 것
- 의식확인 → 구조요청 및 AED 요청 → 가슴압박(30회) → 인공호흡(2회)
- 복장뼈가 4~5cm 눌릴 정도로 가슴압박 진행(분당 100~120회 속도)
- 환자가 의식을 찾거나 의료진이 도착하기 전까지 심폐소생술 지속

나. 하임리히법(기도폐쇄)

- 이물질에 의해 기도가 폐쇄되었을 때 시행하는 응급처치 방법
- 뒤에서 양팔로 안듯이 잡고 칼돌기와 배꼽 사이를 주먹으로 밀어 올리기

다. PRICE법 [2023]

- 보호(Protection): 손상 부위를 부목이나 보조기를 활용하여 추가 손상으로부터 보호
- 휴식(Rest): 부종 방지 및 빠른 치유를 위해 적절한 휴식 권장
- 냉찜질(Ice): 손상 후 48~72시간 정도 실시하며, 1~2시간 마다 10~20분가량 실시
- 압박(Compression): 손상 부위에 압력을 주어 부종 예방(주로 탄력붕대 사용)
- 거상(Elevation): 손상 후 손상 부위를 심장보다 높게 올려 부종 및 종창 예방

3) 경기장 밖에서의 손상 평가와 처치

(1) 손상평가 [2017]

- 시합 전 검사: 유연성, 밸런스, 근력, 근지구력, 심폐지구력, 기능평가 진행
- 초기 손상평가: 응급처치, 활력징후 등
- 경기장 밖에서의 손상평가: 병원, 재활센터에서 평가 진행
- 치유과정 평가: 재활 운동 및 병원에서의 치유상태 평가

(2) 손상평가 범주(HOPS 평가) [2020]

- 문진(History): 주관적인 답변에 의해 평가(손상기전, 통증특성, 병력 확인 등)
- 관찰 및 시진(Observation): 손상 부위, 표정, 자세, 부종 정도 확인
- 촉진(Palpation): 뼈, 인대, 근육, 관절 이상 여부 촉진, 떨림 확인
- 특수검사(special test): 의심되는 손상에 대한 특수검사(관절각도, 도수근력검사 등)

(3) 손상평가 기록(SOAP) [2017][2018][2019][2020][2023]

- 주관적(Subjective): 문진을 통한 환자의 정보 기록(진단명, 통증, 병력, 증상 등)
- 객관적(Objective): 시진, 촉진, 특수검사 기록, 자세 평가, 부종여부 등
- 평가(Assessment): 손상에 대한 치료사의 전문적인 진단
- 계획(Plan): 치료 및 재활에 대한 구체적이며 단계적인 계획

4) 치료기기의 사용

(1) 열치료

- 콜라겐 조직의 확장성, 통증 감소, 근육경련 완화, 혈액순환 보조 등

(2) 한랭치료

- 혈관수축으로 부종 감소, 통증 감소, 급성 염증반응 감소, 관절강직 등

(3) 기타

- 전기치료, 초음파, 체외충격, 마사지 등

05 스포츠 손상의 일반적인 의학적 상태

1) 주요 부분 상해

(1) 머리 손상

가. 머리 손상 판단

- 글라스고우 혼수 척도(Glasgow coma scale): 8점 이하 혼수상태로 정의
  : 의식 수준을 판단하는 데 사용되는 척도 눈, 언어, 운동반응에 대한 점수 환산

나. 머리 손상의 종류

가) 뇌진탕 [2016][2017]

- 머리 손상 중 대부분을 차지
- 외부 힘에 의해 의식상실, 방향감각 상실, 어지럼증이 나타나는 손상
- 1단계: 의식상실 없음, 30분 이내 회복, 24시간 이내 증상 지속
- 2단계: 의식상실 1분 이내, 기억 상실 30분~24시간 이내, 24시간~7일 증상 지속
- 3단계: 의식상실 2분 이상, 기억 상실 24시간 이상, 7일 이상 증상 지속

나) 이차 충격 증후군 [2024]

- 뇌진탕 혹은 경미한 머리 손상 후 회복되기 전에 두 번째 머리 손상을 입는 것
- 미세 충격에도 의식상실, 동공확대, 안구운동 소실, 호흡마비

다) 뇌전증 [2024]

- 발작 신경 기능 장애
- 의식상실, 경련, 감각 장애
- 2차 손상 예방을 위한 주변의 위험요인 제거

(2) 어깨와 상지 손상

가. 어깨 해부학 [2016][2019]

- 구조적으로 오목위팔관절, 봉우리빗장관절, 복장빗장관절로 구성
- 어깨위팔리듬(기능 해부학적)
  - 전체 팔의 180도 벌림 → 오목위팔관절 120도 벌림 + 어깨가슴관절 60도 위돌림
  - 위팔뼈 30도까지의 벌림 → 어깨뼈 0도
  - 위팔뼈 30~90도까지의 벌림 → 위팔뼈 2도 벌림, 어깨뼈 1도 벌림
  - 위팔뼈 90도 이상 벌림 → 위팔뼈 1도 벌림, 어깨뼈 1도 벌림

나. 어깨와 상지 손상의 종류

가) 근육둘레띠(가시위근, 가시아래근, 작은원근, 어깨밑근) 손상 [2024]

- 어깨 관절의 주된 손상이며, 가시위근이 주로 손상되어 발생
- 던지기 동작, 과도한 어깨 관절의 사용이 주요 원인
- 증상: 어깨세모근 압통, 야간 통증, 통증 경감을 위한 보상 작용(Shrugging 동작)
- 특수검사
  - 회전근개검사: Empty can test, Drop arm test, Lite-off sign
  - 충돌증후군검사: Neer's test, Hawkins-Kenndy test

나) 어깨 관절 탈구 [2020]

- 앞쪽 어깨관절에서 주로 발생, 종종 겨드랑신경과 팔신경얼기의 손상 동반
- 탈구 시 SLAP, Bankart Lesion 동반될 수 있다.
- 특수검사
  - 앞쪽 불안정성 검사: Anterior Apperhension test, Rockwood's test
  - 아래쪽 불안정성 검사: Sulcus sign
  - SLAP 검사: O'brien test
  - 위팔두갈래근검사: Yergason test, Speed test

다) SICK scapular

- 외상은 없으나 어깨관절 과사용으로 인한 어깨관절 통증 호소

- 증상: 어깨뼈 부정렬, 어깨뼈의 아래각 돌출, 부리돌기 통증, 어깨뼈 운동부전
- Blackburn 운동으로 예방 및 재활가능

라) 유착성 관절낭염
- 오목위팔관절의 섬유화를 동반한 만성염증, 어깨 회전근의 유연성 부족이 원인
- Codman's pendulum exercise 운동으로 예방 및 재활가능
- 증상: 오목위팔관절 가동범위 감소, 위팔 올림 제한 등
- 특수검사: Apley's scrach test

마) 안쪽위관절융기염(골프 엘보) [2018]
- 과도한 손목관절 굽힘으로 발생
- 원엎침근, 자쪽손목굽힘근, 긴손바닥근, 노쪽손목굽힘근의 손상
- 증상: 안쪽위관절융기 통증, 아래팔 엎침 시 통증 등
- 특수검사: Reverse-Mill's test, Reverse-Cozen's test

바) 가쪽위관절융기염(테니스 엘보) [2016][2019][2020]
- 과도한 손목관절 폄 동작으로 발생하며 주로 짧은노쪽손목폄근의 손상이 원인
- 위팔노근, 짧은노쪽손목폄근, 긴노쪽손목폄근의 손상
- 증상: 아래팔 엎침 및 뒤침 시 통증, 손목 관절로 통증 전이
- 특수검사: Mill's test, Cozen's test

사) 드퀘르병변(De Quervain's disease) [2020]
- 긴엄지벌림근, 긴엄지폄근, 짧은엄지폄근에 만성적인 힘줄활막염증으로 발생
- 증상: 노뼈 붓돌기 통증, 자쪽 기울임 시 통증
- 특수검사: Finkelstein test

아) 손목터널증후군 [2017][2022]
- 손목터널의 협착으로 인한 정중신경 압박(신경학적 증상)
- 증상: 손가락 저림

- 특수검사: Tinel sign, Phelen's test

자) 기타
- 백조형 변형: 주된 원인은 류마티스 관절염
- 단추구멍 변형: 중앙신건 손상으로 발생
- 망치 손가락: 손가락 폄 관련 힘줄의 손상으로 발생

(3) 척추(목, 허리) 및 골반 손상
가. 척추 손상의 종류
가) 척추사이원반 탈출증 [2018]
- 척추사이원반의 수핵이 뒤-가쪽으로 돌출되어 신경을 압박하여 발생
- 움직임이 상대적으로 많은 L5~S1에서 주로 발생
- 특수검사: SLR test, Slump test, Kernig tst, Hoover test(꾀병 검사)

나) 척추측만증 [2020]
- 가장 흔한 형태는 성장기에 나타나는 특발성 측만증(전체 인구의 약 10%)
- 측만 각도 20도 미만(보존 요법), 20~40도(보조기 착용), 40도 이상(수술)
- 특수검사: Adam's test

다) 엉치엉덩관절 증후군
- 디스크 질환과 증상이 유사하여 오진하기 쉬운 손상
- 증상: 엉치엉덩관절에서 통증이 생기고 허벅지와 무릎까지 통증이 전이
- 특수검사: SLR test, Patric test, Gaenslen's test

라) 궁둥구멍근 증후군
- SLR test에서 양성반응을 보이므로 오진 주의
- 증상: 궁둥신경의 자극으로 엉덩이 부위에 심부통을 유발하는 신경 손상
- 특수검사: Piriformis test

마) 무릎굽힘근(햄스트링) 힘줄염 [2023]

- 급성 파열, 과사용으로 인해 발생(단거리 선수, 스프린트 선수에게 주로 발생)
- 증상: 무릎굽힘근 스트레칭 및 근육 수축 시 통증
- 특수검사
  - 무릎관절 굽힘근 검사: 90도-90도 SLR test
  - 엉덩관절 굽힘근 검사: Thomas test [2021], Kendal test

바) 기타

- 허리 염좌: 가장 흔한 형태이며, 급성으로 생기는 손상
- 흉곽충돌증후군
  - 팔신경얼기, 빗장밑동/정맥, 겨드랑혈관을 압박하여 신경 증상, 혈액순환 방해
  - 라운드 숄더 교정, 등세모근, 마름근의 근력 강화 필요
- 척추전방전위증: 척추뼈가 앞쪽으로 밀려 비정상적으로 배열되어 있는 질환
- 척추분리증: 척추의 돌기사이관절의 인대파열로 인해 서로 분리되는 손상
- 넙다리근 좌상 [2022][2024]
  - 뒤넙다리근 좌상: 근육과 힘줄 접합부에 발생하는 염좌(유소년은 떼임골절 동반)
  - 넙다리네갈래근 좌상: 접촉스포츠에서 타박상으로 인해 발생
- 엉덩관절 모음근 좌상: 방향 전환이 많은 스포츠에서 긴모음근에 주로 발생
- 척추관협착증 [2023]
  - 척추관 또는 척추사이구멍이 좁아져 신경 눌림
  - 노화로 인한 인절 및 관절의 퇴행성 변화
  - 특수검사 : Slump test
- 가슴문증후군 [2023]
  - 팔로 가는 팔신경얼기 및 빗장밑 동·정맥, 겨드랑 혈관 등의 압박으로 인해 팔의 혈액순환 장애 및 신경 증상
  - 병소부위 압통, 손가락 및 손의 부종, 청색등
  - 특수검사 : Roos test, Wright test, Adson test, Allen test, Halsted test

(4) 무릎 손상

가. 무릎 손상의 종류 [2024]

가) 앞 십자인대 손상 [2017][2022]

- 무릎이 과도하게 폄 되거나 정강뼈의 안쪽돌림에 의해 발생
- 앞십자인대 + 안쪽측부인대 + 안쪽반달연골 동시 파열 → 불행삼주징
- 특수검사: Anterior draw test, Lachman test

나) 뒤 십자인대 손상 [2019]

- 무릎 굽힘 상태에서 정강뼈가 지면에 충돌되거나 정강뼈가 뒤쪽으로 어긋날 때 발생
- 특수검사: Posterior draw test, Reverse Lachman test

다) 반달연골 손상 [2021][2023]

- 무릎 굽힘 상태에서 과하게 폄 되거나 굽힘-폄 시 바깥굽은력, 비틀림 시 발생
  - 안쪽반달연골: 다리 고정 → 넙다리의 안쪽 돌림력(정강뼈 가쪽돌림 시)
  - 가쪽반달연골: 다리 고정 → 넙다리의 가쪽 돌림력(정강뼈 안쪽돌림 시)
- 증상: 무릎 관절 잠김 현상, Buckling 현상
- 특수검사: Alpey's test, Bounce home test, McMurray test

라) 무릎힘줄염(Jumper's knee) [2022]

- 무릎뼈 위, 정강뼈 결절 등에 생긴 만성 염증
- 반복적인 점프에 의해 나타나며, 넙다리네갈래근의 신장성 수축과 연관
- 증상: 계단 올라가고 내려갈 때, 점프 시 무릎뼈 통증

마) 무릎넙다리 증후군(Runner's knee)

- 넙다리뼈와 무릎뼈의 비정상적인 움직임과 부정렬에 의해 발생
- 무릎의 과사용과 연관
- 증상: 계단 오르기, 무릎 굽힘 자세 시 통증, 심할 경우 무릎뼈 탈구

바) 안쪽측부인대 손상

- 무릎 관절의 바깥굽음력 + 정강뼈의 가쪽돌림에 의해 발생

- 앞십자인대 + 안쪽측부인대 + 안쪽반달연골 동시 파열 → 불행삼주징

- 특수검사: Abduction test

사) 가쪽측부인대 손상

- 무릎 관절의 안쪽굽음력 + 정강뼈 안쪽돌림에 의해 발생

- 특수검사: Adduction test

아) 기타

- 오스굿씨병: 넙다리네갈래근 힘줄의 견인에 의해 무릎 앞쪽의 통증 발생

(5) 발목 손상

가. 발목 손상의 종류

가) 발목 인대 손상 [2018][2022]

- 앞목말인대 [2023][2024]

• 발바닥굽힘 상태에서 뒤침 + 안쪽번짐이 동시에 일어날 발생

• 증상: 가쪽복사뼈 앞 부종과 체중부하 시 통증

- 발꿈치종아리인대 손상

• 주로 앞목말인대 손상 시 동반 손상, 발목의 안쪽번짐 + 발바닥 굽힘 시 단독 손상

• 증상: 가쪽복사뼈 아래 부종과 멍, 체중부하 시 통증

- 세모인대 손상

• 강한 바깥굽음력에 의해 발생(심할 경우 정강뼈의 떼임골절 동반 발생)

- 특수검사: Anterior draw test, Valgus/Varus test, talar tilt test

나) 아킬레스힘줄 손상 [2022][2023]

- 장딴지근과 가자미근이 공통 힘줄을 만들며, 반복적인 점프에 의해 발생

- 힘줄 파열 시 파열음 동반, 발목 관절의 과한 발등굽힘 시 발생

- 증상: 발등/발바닥 굽힘 시 통증, 체중부하 시 통증

- 특수검사: Thompson's test

다) 피로골절 [2023]

- 정강뼈, 종아리뼈의 반복적인 부하로 인해 발생하는 만성 질환
- 과훈련으로 인해 발생하는 만성 질환
- 손상 이후 비교적 빠른 시일 내에 훈련 및 경기로 복귀 가능

라) 기타

- 종아리근 힘줄염: 발목 바깥쪽의 통증, 종아리근의 반복적인 부하로 인한 염증
- 발바닥 근막염
  - 발가락의 강한 폄 + 발볼의 강한 추친력에 의해 발생
  - 다리 길이 차이, 목말밑 관절의 과한 엎침, 유연성 부족 등에 의해 발생
- 무지외반증 [2022]
  - 제1발허리뼈에서 주로 발생하며, 활액낭에 염증이 발생
  - 주로 맞지 않는 신발에 의해 발생
- 인대결합 염좌 [2024]
  - 뼈사이막 염좌 동반
  - 앞정강종아리인대 염좌 동반
  - 높은 발목 염좌

💡 **TIP**

해부학적 움직임 [2023]

Frontal plane movement / Sagital plane movement

2) 부가적인 의학적 상태

(1) 코피

- 코피는 의학적으로 크게 문제되지 않으나, 지혈이 멈추지 않는다면 병원 이송
- 충돌로 인한 코피 발생 시에는 코뼈 이상이 없는지 확인 후 경기장으로 복귀

(2) 피부손상

가. 자외선으로 인한 피부 손상

- 장시간 자외선 노출로 인해 경미한 화상이나 심할 경우 피부암으로 발전 가능
- 자외선 차단제 도포 및 자외선이 강한 시간 야외 운동 자제(오전 11시~오후 2시)

나. 물집 [2019]

- 반복적인 발-신발, 손-운동장비의 마찰로 인해 발생
- 예방을 위해 발에 맞는 신발 착용, 마찰 부위 파우더 및 장갑 착용 권장
- 물집 발생 시 매일 소독하며, 물집을 터뜨릴 시 소독 후 진행

(3) 간질

- 뇌의 기능적 장애로 인해 발작성 신경기능장애 질환
- 가급적 접촉 스포츠활동 자제
- 증상: 의식상실, 경련, 정신 장애 및 감각 장애 등

(4) 쇼크(Shock) [2024]

- 식은땀 동반
- 맥박이 빠르지만 약함
- 피부 창백 및 낮은 온도

06 스포츠 손상의 재활 운동

1) 재활 운동의 원리 [2018]

(1) 재활 운동 프로그램의 목표 [2016][2019]
- 현실적이고 측정이 가능한 목표 수립
- 단기목표와 장단기목표를 구분하여 수립
  • 단기목표: 부종 조절, 통증 감소, 심폐지구력 유지, 관절가동범위 회복, 기능회복 등
  • 장기목표: 손상부위 재발방지, 재활 과정에 대한 능동적인 참여 유도 등

(2) 재활운동 프로그램의 단계별 원리 및 고려사항
가. 부종의 최소화: 부종은 회복과정을 더디게 하므로 PRICE를 적용하여 부종을 조절
나. 통증조절: 통증을 조절하지 못하면 재활프로그램의 방해 요인으로 작용
다. 관절가동범위 회복: 스트레칭, PNF, 관절가동화 운동을 통해 관절 기능을 회복
라. 심폐지구력 유지: 심폐지구력은 부상 이후 빠르게 감소하므로 모든 단계에서 시행하는 것 중요
   (다리 부상 시 수영 및 암에르고미터 활용)
마. 근력, 근지구력 회복: 통증이 없는 범위에서 등척, 등장, 등속성, 플라이오메트릭 진행
바. 신경근조절 회복: 고유수용감각, 운동자각 인식, 동적 안정성, 기능적 동작패턴 회복
사. 밸런스 회복: 자세 안정성, 균형 감각의 회복
아. 기능적 진전: 스포츠에서 요구되는 특정 활동의 점진적 향상

> **TIP**
>
> - 등장성 수축(Isotonic): 근육의 길이가 변하면서 움직임을 발생하여 나타나는 수축 형태
>   • 단축성 수축(Concentric): 근유의 길이가 짧아지는 형태
>   • 신장성 수축(Eccentric): 근유의 길이가 길어지는 형태
> - 등척성 수축(Isometric): 근육의 길이가 변하지 않은 정적인 수축 형태 [2024]
> - 등속성 수축(Isokinetic): 관절가동범위 전체에서 최대 수축을 유도할 수 있으며, 관절의 각도가 일정한 속도로 변하는 수축 형태(고가의 장비를 활용 해야함) [2023]

2) 재활 운동 프로그램 과정

(1) 초기(급성)단계 [2016][2020][2021]

- PRICE를 적용하여 염증과 부종의 최소화
- 통증이 없는 범위에서 스트레칭을 통한 관절가동범위 회복
- 등척성 운동 → 비체중부하 운동 → 체중부하 운동 → 고유수용성감각 운동 순으로 진행

(2) 중간(회복)단계

- 통증이 없는 관절가동범위 내에서 근력, 근지구력, 고유수용성감각 회복
- 코어 안정성 운동 진행
- 부상 부위를 직접적인 트레이닝 하는 행위 금지
- 운동시간 → 운동빈도 → 운동강도 순으로 운동부하 증가

(3) 진행(기능)단계

- 유연성, 관절가동범위, 근력, 근지구력, 심폐지구력 등이 완전한 회복
- 고유수용성감각, 평형성, 기능적 운동 수행이 가능한 단계
- 부상 전의 훈련 강도의 80~90%를 수행이 가능한 단계

(4) 스포츠 현장 복귀를 위한 고려사항 [2019][2021]

- 통증 없는 관절가동범위, 근력, 근지구력, 유연성, 고유수용감각의 완전한 회복
- 심리적 안정감, 운동에 대한 자신감 회복, 운동기술과 협응력의 정상화
- 스포츠 현장으로의 복귀는 가족, 코치, 선수와의 소통을 통해 결정

체육측정
평가론

1) 개념

(1) 측정의 개념과 절차

가. 측정의 개념 [2016][2018][2020][2021][2022]

- 양적으로 존재하는 모든 것은 측정이 가능하다고 보는 것

- 대상에 대한 속성을 파악하기 위하여 숫자를 부여해 그 속성을 측정하는 것

- 개인 속성에 체계적인 방법으로 점수를 부여하는 것

- 일정한 규칙에 의해 대상 특성에 숫자를 부여하는 것

- 사물, 행동, 사건 등의 증거를 수집한 것을 수량으로 표시한 것

- 수집한 자료, 검사 점수에 대해서 사실판단을 하는 것

- 체계적인 검사과정을 통해 자료를 수집

- 기구를 이용하여 정보를 얻는 과정

💡 TIP

[2018][2019]

사실판단: 과학적 또는 객관적인 사실에 근거하여 판단하는 것
예) BMI기준, 엘리트선수와 아마추어 구분 기준, 우리나라 메달 획득 수 등
가치판단: 좋음, 나쁨, 옳고 그름 등을 주관적인 가치에 의해 판단하는 것
예) 특정 선수의 호감정도, 용품 사용에 대한 만족정도, 수행결과에 대한 정성평가 등

나. 측정의 절차

- 측정 대상 선정

- 측정 대상 속성 혹은 행위 구체화

- 측정 단위 설정

- 수치부여 규칙 설정

검사의 개념
- 측정은 검사를 통해서 이루어진다고 볼 수 있음
- 개인이나 집단의 정보 수집을 목적으로 사용되는 측정 절차라고 할 수 있음
- 검사는 수치로 나타내는 양적인 검사와 '우수'와 같은 단어로 나타내는 질적 검사 가능
  예) IQ검사, 발달검사, 면접, 수행력 검사, 체크리스트, 악력계 등의 기구 등

(2) 평가의 개념 [2020][2021]
- 측정된 검사를 통해서 진정한 의미를 해석하는 것
- 수집된 자료 혹은 검사 점수에 대해 가치판단의 과정을 평가라고 함
- 사물의 가치나 수준에 대한 주관적으로 평가함
- 자료를 질적으로 판단하는 과정
- 평가는 측정을 통해 양적화된 수치 자료를 질적으로 판단하는 과정

(3) 측정평가의 목적 [2016][2023]
- 현재 체력 상태나 건강 상태, 수준 정도를 진단하기 위함
- 동기를 유발하기 위함
- 성취 수준을 평가하기 위함
- 향상도를 측정하기 위함
- 상태를 판단하고 적절한 처방을 하기 위함
- 성적을 부여하기 위함
- 교육 프로그램에 대한 효과를 평가하기 위함
- 대상자를 분류 혹은 선발하기 위함
- 미래의 수행 경기력을 예측하기 위함

2) 유형

(1) 평가 기준 분류 [2016][2017][2018][2019][2020][2021][2022][2023][2024]
가. 준거지향(절대)평가

- 도달기준을 설정하고 개인 성적을 평가(예: 90점 이상인 사람, BMI측정 등)
- 판정기준의 설정이 중요한 과제
- 특정한 집단 내에서 개인의 위치를 알아보기 어렵다는 단점이 있음
  (예: 90점 이상인 사람, BMI 기준 등)

나. 규준지향(상대)평가
- 한 집단 내 다른 구성원들과 비교한 상대적 위치로써 개인의 수준을 평가하는 것
  (예: 상위 몇 % 등을 나타낼 때, 학점 A등급은 인원 중 20% 이내 등)

(2) 평가의 기능 구분 [2017][2018][2019][2021][2024]
가. 진단평가
- 훈련이 실시되기 전 체력수준, 숙련정도 등을 파악하기 위한 평가
- 훈련 전 수준을 파악하여 수준별로 분류

나. 형성평가
- 훈련과정 중간에 체력검사를 실시
- 훈련 중에 수시로 훈련 정도를 측정하는 평가.

다. 총괄평가
- 훈련이 모두 종료된 후에 실시하는 평가
- 최종 성적이나 훈련 성과를 판단, 프로그램 평가 등

 TIP

수행평가의 의미 [2017][2019]
- 수업활동과 평가 활동이 동시에 일어남
- 학습의 과정을 평가하는 것(자기평가, 교사평가, 동료평가 등으로 평가)
- 객관적인 평가보다는 느리게 진행됨
- 교사가 다양한 자료와 연구하려는 자세를 가져야 성공할 수 있는 평가 방법
- 훈련 수행 과정 및 결과를 직접 관찰하여 그 관찰 결과를 전문적으로 판단

02 측정치의 해석

1) 통계적 개념

(1) 통계의 의미
- 어떤 현상을 한눈에 종합적으로 파악하기 위해 수치로 나타냄
- 집단적인 현상 혹은 수집된 자료에 대한 것을 수치화하여 기술한 것

(2) 변인의 분류
가. 독립변인: 원인이 되는 변인으로 실험 결과에 영향을 주는 변인
나. 종속변인: 결과가 되는 변인으로 독립변인에 의해 영향을 받는 변인
다. 가외변인: 독립변인 이외에 종속변인에 영향을 미치는 변인
라. 매개변인: 인과 관계에서 독립변인과 종속변인 사이에서 매개 역할을 하는 변인
마. 중재변인: 독립변인과 종속변인 사이에서 관계의 강도를 다르게 하는 변인

(3) 측정변인
- 측정과 관련된 자료의 속성이나 특징을 의미하며, 변수라고도 함
- 측정변인은 수치화 뿐 아니라 문자로도 측정될 수 있음
- 측정변인은 일반적으로 측정의 척도(scale)에 따라 구분됨

가. 측정척도의 구분 기준 [2017][2018][2019][2020][2021][2023][2024]
　　가) 질적척도 - 수치화할 수 없는 척도로 문자로 표시된 자료를 의미
　　　　(가) 명목(명)척도
　　　　　　- 구분을 위하여 이름을 부여하는 것으로 수리적 서열이나 등위가 없는 척도(예: 성별, 지역, 학력, 이름 등)

(나) 서열척도

- 사물을 구분하기 위하여 순서관계(등위)를 나타내는 척도(예: 1등, 등급, 100위 등)

나) 양적 척도(연속변인) - 수치로 나타낼 수 있는 척도로 숫자 표시된 자료를 의미

(가) 동간(구간)척도

- 동간성을 가지며, 임의의 영점과 임의의 단위임(절대영점 없음)

(예: 좋아하는 정도, 온도, 심리적으로 느끼는 수준 정도를 평가 등)

(나) 비율척도

- 절대영점의 속성을 지니고 있으며 가감승재(+, -, ×, ÷)가 가능

(예: 신장, 체중, 체지방률, 나이, 성적, 제자리멀리뛰기 기록(cm), 시간 등)

나. 척도의 종류와 응용

가) 평정척도

- 측정대상의 속성이 연속된 선의 한 점에 위치할 때, 일정한 기준에 따라서 대상을 파악하고 그 속성을 구별하는 척도

> 장점: 측정한 대상을 비교하거나 평가하지 않음, 제작용이, 응답편리, 시간과 비용을 절약
> 단점: 평가자의 성격, 태도 등의 성향이 편향된 평가 결과가 될 수 있음

나) 리커트척도

- 평정척도의 변형으로, 여러 문항에 대한 개별 응답 점수를 합하여 척도를 구성한다는 의미에서 총화평정척도 또는 총합평정척도라고 함

> 장점: 느낌 강도를 쉽게 나타냄, 설문참여자들이 쉽게 응답함, 처리 쉬움
> 단점: 구간척도 보다는 서열척도에 가까움

다) 가트만척도

- 일차원척도의 일종으로 누적척도라고 함. 질문의 강도에 따라서 문항 배열이 서열화로 이루어짐

> 장점: 약한 강도의 질문 결과에 따라 강한 강도의 질문 결과를 예측이 가능
>
> 단점: 비현실적이며, 복잡한 현상을 단일 차원에서 가정한다는 것이 어려움

라) 서스톤척도

- 유사동간척도의 일종으로 가중치가 부여된 일련의 문항을 배열하고 설문참여자가 각 문항에 찬성과 반대(YES or NO)를 표기함

마) 어의차별척도

- 의미분화척도 또는 의미변별척도라고 하며, 어떠한 개념의 의미를 여러 차원에서 측정하여 태도 변화를 더 정확하게 파악하기 위해 고안됨

> 장점: 느낌강도의 측정과 분석 용이, 문항 작성이 쉬움, 극단적인 형용사 제시(설문참여자가 신속하게 응답할 수 있음)

2) 기술통계

(1) 중심(집중)경향치의 목적과 종류 [2016][2017][2018][2019][2022][2023][2024]

가. 목적: 집단 전체의 특성을 하나의 점수로 요약하기 위함

나. 중심(집중)경향치의 종류

가) 평균치(값): 자료의 총합을 사례수로 나눈 값

나) 중앙치(값): 자료를 크기 순서대로 나열했을 때, 가장 중앙에 위치하는 값

다) 최빈치(값): 자료에서 빈도가 가장 많은(높은) 값

라) 최솟값: 제일 작은 수를 가지는 값

마) 최대값: 제일 큰 수를 가지는 값

(2) 분산도의 종류 [2017][2019][2022][2023]

가. 편차

- 해당하는 변량이 평균으로부터 얼마나 떨어져 있는지를 나타내는 수치

나. 분산

- 변수의 흩어진 정도를 계산하는 지표로 절댓값이 크면 멀리 떨어져 있고 작으면 평균과 가까이에 있음을 의미

다. 표준편차

- 평균에서 자료가 어느 정도 퍼져 있는가를 나타내는 수치(분산의 제곱근)

라. 범위

- 가장 간단하게 분포의 퍼져있는 정도 알아내는 방법으로, 최고값의 상한계에서 최저값의 하한계를 뺀 값

마. 사분편차

- 범위의 일종으로 수집된 자료를 크기 순서로 4등분(A1~A4)하여 배열했을 때, 세 번째 점수(A3)와 첫 번째 점수(A1) 차이를 2로 나눈 값을 의미

바. 표준오차

- 미지의 모수(母數)에 대한 추정량의 표준 편차

사. 표준오차

- 표준오차는 통계적 추정치의 정밀도를 나타내는 척도로, 주로 평균이나 다른 추정치의 분산을 평가할 때 사용되며, 표본 평균의 표준편차를 의미

아. 변동계수

- 여러 자료의 표준 편차를 그 평균값으로 나눈 값

(3) 변환점수의 종류 [2016][2017][2019][2022][2023][2024]

가. 준거점수(기준점수)

- 집단으로 구분하기 위하여 점수 혹은 선별의 기준이 되는 점수

나. 오차점수

- 오차점수는 개별 측정값이 그 측정값의 실제 값(진짜 값)으로부터 얼마나 떨어져 있는지를 나타내는 점수

　가) 계통 오차: 계통 오차는 일관된 오차로, 측정값이 반복적으로 실제 값에서 일정 방향으로 벗어나는 경향을 보임

　　• 체계적 오차: 일관된 방향으로의 오차로, 측정 도구나 방법의 편향 때문에 반복적으로 발생하며 측정값을 실제 값에서 일정하게 벗어나게 함

　　• 계기 오차: 측정 도구의 기계적 또는 기술적 결함으로 인해 발생하는 오류

　　• 환경 오차: 측정 환경 변화(온도, 습도, 압력 등)에 따라 일관되게 발생하는 오류

　　• 이론 오차: 사용된 측정 모델이나 이론의 부적합으로 인해 발생하는 오류

　　• 개인 오차: 측정자의 주관적 판단이나 불규칙한 조작으로 인해 발생하는 오류

　나) 우연(임의) 오차: 예측 불가능하게 발생하는 오차로, 측정값이 반복 측정 시 실제 값 주위에서 무작위로 분산되는 현상을 나타냄

　　• 무선적 오차: 예측할 수 없는 오차로, 측정 과정에서 발생하며 측정값이 실제 값 주위에서 무작위로 분산되는 현상을 나타냄

　　• 비체계적 오차: 측정 과정에서 예측할 수 없이 발생하고, 측정값이 실제 값 주위에서 랜덤하게 분산되는 오차

　다) 과실 오차: 과실오차는 측정자의 실수, 잘못된 데이터 기록, 장비의 잘못된 사용 또는 설정 오류와 같은 실수에서 발생하는 오차

다. 진점수(T)

- 같은 사람에게 동일한 검사를 독립적으로 반복하여 무한히 실시했을 때 기대되는 값(측정의 오차가 배제된 일관성을 가진 점수를 의미)

라. 표준점수(Z)

- 서로 단위가 다른 검사에서 얻은 점수를 비교할 때 사용되는 변환점수로 어떤 수치를 각각의 특정한 값으로 상대적인 수치로 변환하는 척도

(4) 분포의 유형 [2022]

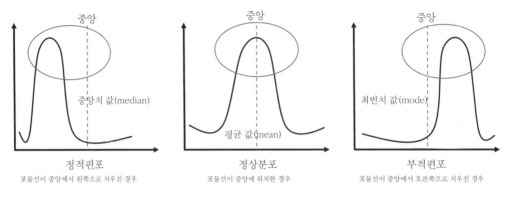

그림 1. 점수 분포의 유형

가. 정적편포: 최빈치(Mo) < 중앙치(Mdn) < 평균치(M) 가 되는 경우

- 학생들의 점수가 낮은 점수대에 몰려 있는 분포형태로, 문제가 어렵거나 혹은 학생들의 학습능력이 낮을 경우 나타남(성적 최우수자 선별에 사용)
- 중앙치 값은 사분편차와 함께 활용

나. 정상분포: 평균치(M) = 중앙치(Mdn) = 최빈치(Mo)가 되는 경우

- 평균을 중심으로 좌우대칭이 되기 때문에 개인차 변별을 가장 잘 나타냄
- 평균은 표준편차와 함께 활용

다. 부적편포: 평균치(M) < 중앙치(Mdn) < 최빈치(Mo)가 되는 경우

- 학생들의 점수가 높은 점수대에 몰려 있는 분포 형태로, 문제가 쉽거나 대부분의 학생들이 학습목표에 도달했을 경우 나타남(목표지향평가에서 기대하는 분포)
- 최빈치 값은 범위와 함께 활용

(5) 상관계수

가. 상관계수의 의미 [2016][2017][2018][2019][2020][2021][2022][2024]

- 표준화된 두 변수 간의 공변하는 관계를 나타내는 통계량
- 일반적으로 상관계수라 하면 적률상관계수를 의미
- 적률상관계수는 두 연속변인 간의 관계를 나타내며 r로 표시함
- 상관의 범위는 -1.0≤r≤+1.0의 값을 가짐(값이 높을수록 상관이 높음을 의미)
- 정적상관이란 한 변인의 값이 높아질 때 다른 변인의 값도 높아지는 것을 의미
  (예: 정적 상관: 공부를 많이(+) 하면 성적이 올라간다(+))
- 부적상관이란 한 변인의 값이 높아질 때 다른 변인의 값은 낮아지는 것을 의미
  (예: 부적 상관: 흡연을 많이(+) 하면 건강이 나빠진다(-))

$$r_{xy} = \frac{S_{sy}}{S_x S_y} \ \ \text{또는} \ \ r_{xy} = \sum Z_x \cdot Z_y / n$$

그림 2. 상관계수 구하는 공식

나. 상관계수의 종류

가) Pearson의 적률상관계수
- 두 변수가 수량변수(연속변수)일 때 사용

나) 파이계수(phi coefficient)
- 두 변수 모두 자연스런 이분변수일 때 사용

다) 스피어만 서열상관(Spearman rank order correlation)
- 두 변수가 모두 자연스런 다분변수일 때 (ρ(로우)=상관 계수)

라) 점이연상관(point-biserial correlation)
- 하나의 수량변수와 다른 하나의 자연스런 이분변수 간의 상관

상관계수 중 -1.0≤r≤+1.0의 범위를 벗어나는 상관 종류 [2017]
- 사분상관: 두 변수의 관계가 선형적이라고 가정할 때 사용하는 상관분석방법.
- 이연상관: 단지 두 개의 값만을 취하는(dichotomous, 이진형) 확률변수(X)와 연속형 확률변수(Y) 간의 연관성(association)을 나타내는 것

03 검사의 조건

1) 타당도

(1) 타당도의 개념 [2017][2018][2019]
- 측정하고자 하는 속성을 제대로 측정하는가의 정도를 의미
- 검사도구가 측정하고자 하는 속성이나 능력을 얼마나 정확하게 측정하는가의 정도

> 타당성의 예: '유연성을 측정하고자 하는데 50m 달리기로 측정하면 되는가?'에서 이는 타당하지 않다고 봄

(2) 타당도의 종류 [2016][2021][2023]
가. 내용(안면)타당도
- 검사내용 전문가가 논리적 판단에 근거하여 주관적으로 결정함
- 검사문항이 측정하려고 하는 내용을 얼마나 잘 대표하고 있느냐를 판단
  - 가) 영역타당도: 내용타당도의 한 형태로 볼 수 있으며, 검사가 측정하려는 개념이나 능력의 전체 범위를 적절히 대표하는지 확인

나. 준거타당도
- 검사 점수가 특정 준거(기준)와 얼마나 잘 일치하는지를 평가하는 타당도의 한 형태로, 경험적 근거에 의해 타당도를 확인하며, 상관관계로 추정함
- 이 준거는 예측할 수 있는 미래의 성과(예측타당도)나 현재의 다른 준거와의 일치성(결정타당도)을 포함할 수 있음
  - 가) 예측(예언)타당도: 특정 검사나 측정 도구가 미래의 성과나 결과를 얼마나 잘 예측하는지를 평가
  - 나) 동시(공인)타당도: 이미 입증된 다른 측정 도구의 결과나 현재 상태를 얼마나 잘 반영하는지를 확인하는 과정에서 중요

다. 구성(구인/개념)타당도

- 내용타당도 또는 준거타당도에 관한 연구를 포함해서 여러 가지 방법과 자원들로부터 수집됨
- 검사가 이론적 구성을 정확하게 측정하는지를 평가

　　가) 수렴(집중)타당도: 관련된 측정들이 서로 높은 상관관계를 보이는 정도를 평가

　　나) 변별(판별)타당도: 측정 도구가 서로 다른 구성을 효과적으로 구분하는 정도를 평가

　　다) 요인분석(이해타당도): 요인분석은 구성타당도의 일부로 수행되며, 측정 도구가 의도한 구성(요인)들을 적절히 반영하고 있는지를 평가

2) 신뢰도

(1) 신뢰도의 개념 [2016][2018][2019]

- 안정성, 일관성 등으로 표현되며, 측정치의 오차 정도
- 검사도구의 일관성과 안정성

> 신뢰성의 예: 몸무게를 2회 이상 반복 측정할 때, 체성분분석기가 나타내는 수치를 얼마나 신뢰할 수 있는가?의 문제

(2) 신뢰도의 종류 [2018][2019][2021][2023][2024]

가. 평가자간 신뢰도

- 체계적 연구에서, 다른 사람들이 동일한 관찰에 비슷한 점수를 주는 정도

나. 동형검사 신뢰도

- 동일한 이론을 바탕으로 검사지 2개를 제작하여 같은 집단에게 실시하며, 이후 두 검사지의 일관성을 확인하는 계수

다. 내적일관성 신뢰도

- 문항 하나하나를 검사로 간주하여, 문항 간의 유사성, 일치성을 추정하는 것

라. 크론바흐 알파 계수

- 평가나 판정에 있어 일관성을 채점하는 정도를 나타내는 계수

마. 검사-재검사 신뢰도
- 검사 점수의 안정성 혹은 높은 신뢰성을 보기 위하여 짧은 시간에 걸쳐 같은 검사를 두 번 연속적으로 시행하는 것

바. 반분검사 신뢰도
- 한 번 실시한 검사를 두 부분으로 나누어서 두 부분의 상관으로 추정하는 계수

사. 단순카파계수
- 평가자 2명이 동일 대상에 부여하는 점수가 유사한 정도를 나타내는 계수

아. 플레이스카파계수
- 평가자 3명 이상이 동일 대상에 부여하는 점수가 유사한 정도를 나타내는 계수

(3) 신뢰도에 영향을 미치는 요인
가. 문항 수: 문항의 수는 많을수록 신뢰도가 높아짐
나. 문항 난이도: 문항의 난이도가 보통수준일 때 신뢰도는 높아짐
다. 문항 변별도: 피험자의 능력을 잘 구분하는 문항일 때 신뢰도는 높아짐
라. 범위: 검사하고자 하는 내용의 범위가 좁을수록 신뢰도는 높아짐
마. 시간: 검사 시간이 충분이 부여될 때 신뢰도는 높아짐

(4) 객관도를 높일 수 있는 방법 [2016]
- 정량적 평가   - 채점기준의 명료화
- 측정 절차의 명료화   - 평가 내용의 자세한 설명

TIP

[2017]
- 객관도: 측정, 평가 등에서 점수의 일관성 정도
- 변별도: 문항들이 피검자들의 능력을 변별하는 정도
- 변산도: 자료의 분포가 집중경향치를 중심으로 밀집 혹은 분산 정도를 나타내는 수치

04 인체계측

1) 인체의 측정과 평가

(1) 인체측정 요인 [2016]

가. 무게: 인체의 충실도

나. 길이: 인체의 발육·발달 지표

다. 둘레: 인체의 테두리나 바깥 언저리의 발육 지표

라. 너비: 인체의 외적인 폭과 두께의 발육 지표

TIP

국제인체측정학회(ISAK)의 제한프로파일(restricted profile) 인체측정 부위 중 체형 분류
[2019]

기본	피부두께	둘레	폭, 너비
신장(키) 몸무게	이두근 삼두근 견갑골 하 장골능 복부 대퇴 내측종아리	팔(이완) 팔(굴곡 및 긴장) 허리 둔부 둘레(엉덩이)	상완골(위팔뼈) 대퇴

(2) 인체 측정을 통해 알 수 있는 요소 [2019]

- 개인이나 집단의 특성
- 신체 부위들의 비율
- 건강 및 발육 상태

(3) 피하지방의 측정 [2019]

- 피하지방 분포도의 특성을 파악할 수 있음
- 피부 바로 아래에 위치한 피하지방의 정도를 나타냄
- 측정부위나 측정방법에 따른 오차가 크기 때문에 숙련된 측정자가 필요함
- 개인, 집단, 연령에 따라 차이가 있으며, 총지방량에 영향을 미침

2) 체형의 측정

(1) 체형의 의미

- 체격에 나타나는 특징으로 분류되는 일정한 부류

(2) 쉘던(W. H. Sheldon)의 3가지 체형 분류 [2016][2017][2019][2022][2023][2024]

가. 내배엽형(비만체형): 소화기관이 발달한 체형으로 외적으로는 비만 체형을 가짐

나. 중배엽형(중간체형): 뼈대가 굵고 근육과 골격 등이 골고루 잘 발달된 체형

다. 외배엽형(마른체형): 신경조직과 피부조직이 발달, 마르고 날렵한 체형을 가짐

(3) 켄달(Kendall)의 4가지 체형 분류의 유형

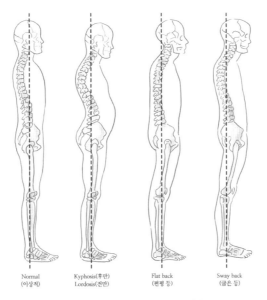

그림 3. 켄달(Kendall)의 4가지 체형 분류

가. Normal(이상적)

- 체중이 고르게 분산된 것을 의미하며, 각 관절이 안정된 상태를 유지한 체형

나. kyphosis(후만)체형과 Lordosis(전만)체형

- 흉추가 과신전 되어 있는 상태를 후만 체형이라 하고, 요추가 과신전 되어 있는 체형을 전만 체형
  이라고 하며, 흔히 '오리엉덩이'라고 불리는 체형임

다. Flat back(편평 등)

- 척추에 곡선이 없고 일자인 상태로 골반이 뒤로 후방경사 되어있는 체형

라. Sway back(굽은 등)

- 배와 골반을 앞으로 내밀고 있는 자세로, 일반적으로 엉덩이 근육이 약하고, 무게중심이 앞으로
  이동된 체형

(4) 시가우드(Sigaud, E., 1940)의 4가지 체형 분류
- 체형의 외적인 형태를 시각적인 측정을 통해서 4가지로 분류함

가. 호흡기형

- 가슴과 목, 얼굴이 발달되어 있으며, 근육의 발달이 약함

나. 소화기형

- 복부 발달(피하지방 많음)과 가슴이 넓고 짧으며, 팔·다리가 짧은 형

다. 근육형

- 근육의 발달과 어깨가 넓고 복부 근육이 발달되었으며, 균형 잡힌 체형

라. 두뇌형

- 흉부와 복부 등은 상대적으로 짧지만 머리가 비교적 크고, 얼굴은 역삼각형으로 눈과 귀가 크며
  사지는 짧은 발이 유난히 작은 형

(5) 크레치머(Kretschmer, 1921)의 3가지 체형 분류

- 신체의 외형을 관찰하여 체형과 기질과의 관계, 성격과 체격과의 관계 등을 3가지 유형으로 분류한 것

가. 비만형

- 몸통이 굵은(피하지방이 많은) 체형으로 명랑하고 사교적인 외향적인 기질

나. 세장형

- 신장이 발달하고, 체형의 둘레가 빈약하며, 내성적인 성향과 비현실적인 체형

다. 투사형

- 어깨가 넓고 근육과 골격이 발달한 체형으로 온화한 성품이지만 때로는 폭발적으로 분노하는 성격을 가짐

(6) 히스-카터(Heath-Carter)의 체형 분류 [2019][2022][2024]

- 주로 체지방 추정에 초점을 맞추며, 이를 위해 주로 피부 주름 두께(너비)와 체중, 신장 등을 측정

가. 의미

- Heath-Carter의 체형 분류는 체형을 정량화하는 대표이론 중 하나로 쉘던(Sheldon)의 기존 3가지 체형 분류를 13가지로 더 구체적으로 표시한 것

나. 히스-카터의 체형측정방법
- 인체측정과 사진분석 결합
- 사진분석방법
- 인체측정방법

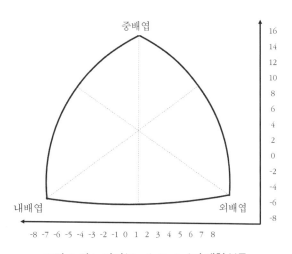

그림 4. 히스-카터(Heath-Carter)의 체형 분류

체력의 측정

1) 체력의 개념

(1) 체력검사의 의미

- 육체적인 활동을 할 수 있는 몸의 힘을 의미하기도 하며, 질병과 추위 따위 등에 대한 몸 저항의 능력

(2) 체력검사의 목적 [2016]

- 현 체력수준의 진단
- 안전 및 유효 기준의 제공
- 운동목표의 성취도 평가
- 교육 및 동기의 유발
- 운동프로그램의 평가

(3) 체력의 분류 [2016][2017][2018][2019][2020][2021][2022][2023][2024]

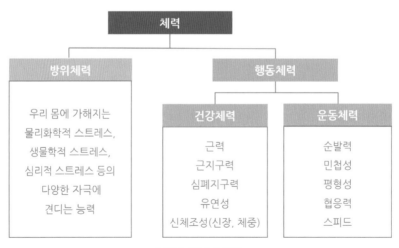

그림 5. 체력의 분류

가. 건강체력

가) 근력: 근의 길이를 바꾸지 않고 발휘하는 최대장력으로 나타내는 근육의 힘
- 측정방법: 악력기, 배근력 등

나) 근지구력: 운동을 일정한 강도로 움직임을 지속할 수 있는 능력
- 측정방법: 윗몸말아올리기, 턱걸이, 팔굽혀펴기, 오래매달리기 등

다) 심폐지구력: 전신을 움직이는 운동을 장시간 지속하는 능력
- 측정방법: 왕복오래달리기, 오래달리기/걷기, 하버드스텝 등

라) 유연성: 신체가 늘어나는 정도로 탄력성을 의미
- 측정방법: 앉아윗몸앞으로굽히기, 윗몸아래로굽히기, 손뒤로잡기 등

마) 신체조성: 신체를 구성하는 요소들(지방, 근육, 뼈 등)의 비율을 나타냄
- 측정방법: 체지방 측정기, DEXA(이중에너지 X선 흡수법), 생체전기임피던스 분석(BIA), 피부 두께 측정 등

나. 운동체력

가) 순발력: 근육이 순간적으로 빨리 수축하면서 나는 힘
- 측정방법: 제자리멀리뛰기, 서전트 점프(제자리에서 높이 뛰기), 50m 달리기, 메디신볼던지기 등

나) 민첩성: 신체의 위치와 방향을 빠르고 정확하게 전환하는 능력
- 측정방법: 사이드스텝, 지그재그런, 십자달리기, 부메랑달리기 등

다) 협응력: 신체의 각 기관들이 조화롭게 움직일 수 있는 능력
- 측정방법: T-Wall 검사, 벽패스 등

라) 평형성; 신체의 균형을 유지하는 능력

　- 측정방법: 직선보행 검사, 눈감고 외발서기, 평균대걷기 등

마) 스피드: 짧은 시간 안에 신체를 빨리 달리거나 움직이는 능력

06 신체구성

1) 신체구성의 개념

(1) 신체구성의 개념 [2017]

- 신체를 구성하고 있는 뼈, 근육, 지방 등의 양과 비율을 의미

(2) 신체구성 구획 모형 [2016][2022]

구획	요소
신체구성 2요소	체중=(체)지방량+제지방량
신체구성 3요소	체중=체지방+제지방+수분
신체구성 4요소	체중=체지방+수분+단백질+미네랄
신체구성 5요소	체중=체지방+수분+단백질+골미네랄+무기질
신체구성 6요소	체중=체지방+수분+단백질+골미네랄+무기질+글리코겐

가. 체내수분량: 물은 생체의 최다성분으로 체중의 45~75%를 차지하고 있음

나. 체지방량: 신체의 지방량(kg)으로, 체지방이 체중(kg)에 차지하는 비율을 의미

다. 제지방량: 신체의 체중에서 체지방량을 제외한 비율을 의미

2) 신체구성의 측정

(1) 신체(구성)조성 측정 도구 [2016][2017][2018][2020][2021][2022]

가. 수중체중 측정법(수중체밀도법)

- 피하지방 피검자의 체중을 지상과 물속에서 측정하는 것으로 실험실에서 체지방 평가할 때 표준적인 방법 중 하나로 알려짐
- 호흡을 모두 뺀 상태에서 측정을 함

- 신체밀도가 적을수록 지방의 비율은 더 커질 것

나. 피하지방 검사(피부두겹두께 측정)

- 피부두겹두께(skin fold)를 측정하는 방법으로, 피하지방 분포도의 특성을 파악하며 신뢰할 수는 있지만 일반적으로 절대값(±) 3~4%에서 오차를 가짐

> 피하지방 두께 측정부위: 가슴, 복부, 상장골, 대퇴, 상완이두, 견갑하

다. 생체전기저항(BIA) 측정 검사

- 피험자의 손과 발에 4개의 전극을 붙여 고주파 전류를 신체의 체액과 전해질을 동태 전도시킴으로서 측정으로 피부두겹측정법의 오류를 없애줌
- 체성분 분석기도 생체전기저항의 종류에 해당함 (일명: 인바디를 생각하면 됨)

라. 컴퓨터 단층촬영(CT)

- CT스캐너로 배꼽부위의 횡단면을 촬영하여 지방이 차지하는 면적을 계산하는 방법으로 내장지방 축적량을 정확하게 측정할 수 있음
- 내장지방과 피하지방의 비율을 분석할 수 있으며, 내장지방과 피하지방의 비율이 0.4이상일 때 내장비만에 해당한다고 봄

마. 자기공명영상 측정법(MRI)

- 자력에 의하여 발생하는 자기장을 이용하여 생체의 임의의 단층상을 얻을 수 있는 첨단의학기계로 가장 정확하게 내장지방과 피하지방 면적 측정이 가능

바. 허리/엉덩이 둘레 비율(WHR)

- 비만과 관련된 질병의 발병 위험을 결정하는 좋은 지수임
- 줄자를 활용하여 측정
- 허리둘레는 복부비만, 내장비만 여부를 측정할 때 유용하게 활용되며, 성인 남성은 90cm이상, 여자는 85cm이상의 경우 비만에 해당한다고 봄

허리둘레 기준(cm)

남성	여성	분류(질병 위험)
> 1.0	> 0.85	높은 위험
0.90~1.0	0.80~0.85	약간 높은 위험
< 0.9	< 0.80	낮은 질병 위험

사. 표준체중

- 자신의 표준체중을 구하여 얼마만큼 차이가 있는지를 계산하는 방법으로 건강을 유지하는 데 적절한 체중을 알 수 있음

> 남성의 경우: 표준체중(kg) = 키(m)의 제곱 × 22
> 여성의 경우: 표준체중(kg) = 키(m)의 제곱 × 21

아. 기타측정법

가) 공기(가스)치환법(BOD POD)

- 캡슐모양의 측정기에 피검자가 들어가 물을 사용하지 않고 측정하는 법

나) 이중에너지 X선 흡수법(DEXA)

- 신체 각 부위의 조직마다 X선 흡수율에 차이가 있다는 점을 이용하며, 선명한 체지방의 영상을 얻는 방법으로 골밀도 측정 목적으로도 많이 활용됨

자. 체질량 지수의 의미와 판정기준 [2018]

가) 체질량 지수의 의미

- 신체 중 신장과 체중의 비율을 나타내는 지수로 비만도 측정에서 사용됨
- 피하지방을 체중(kg)을 신장(m)의 제곱으로 나눈 비율
- 수중체중법과 피하지방 측정법을 사용할 수 없을 경우 사용
- 체지방률은 낮지만 근육이 잘 발달된 경우 측정의 오류가 발생

나) BMI 판정기준

$$신체질량지수\ (BMI) = \frac{체중(kg)}{[신장(m)]^2}$$

그림 6. 신체질량지수 구하는 공식

BMI 판정기준

구분	기준
저체중	< 18.5
정상	18.5~22.9
과체중(위험체중)	23.0~24.9
비만(1단계 비만)	25.0~29.9
고도비만(2단계 비만)	> 30.0

💡 **TIP**

① 브로카 지수
- 비만 판정법의 하나이며, 중등의 신장의 경우에만 적합하다는 결점이 있으나 간단하기 때문에 사용됨
② 카우프 지수
- 소아성장의 균형을 평가하기 위해 활용되는 지수로 카우프지수=(체중(g)/신장2(cm))*10배로 계산됨

22이상	22~19	19~15	15~13	13~10	10이하
지나친 비만	우량	정상	마름	영양실조	소모증

(2) 인체(신체구성)측정에 사용되는 방법 [2017][2018][2020][2021][2023]

가. 직접 측정: 몸무게, 신체 길이, 둘레, 밀도, 체수분량, 골밀도 등

둘레측정 위치
- 머리, 목, 상완, 하완, 손, 가슴, 하복부, 둔부, 대퇴부, 장딴지, 발목

나. 간접 수치

- 체질량지수(BMI), 지방량지수(FMI), 제지방량지수(FFMI), 허리-엉덩이둘레(WHR), 1분간 심박수, 최대산소섭취량

(3) 인체 측정을 통한 활용

- 건강 및 영양상태를 확인 가능
- 건강의 지표를 도출할 수 있음
- 본인(지문, 홍체, 치열, 신체치수)을 확인하는 용도로 활용
- 인체정보를 통한 상품 개발에 유용하게 활용
- 다양한 분야의 연구목적에 활용 가능

(4) 인체계측 부위에 따른 측정도구 종류 [2022]

가. 줄자(tape measure): 인체의 둘레나 치수를 측정할 때 사용하는 도구(예: 위팔 둘레 길이 측정)

나. 촉각계(spreading caliper): 입체적인 두 점 사이의 최단 거리를 측정하는 도구(예: 가슴 너비, 발목 너비 측정)

다. 활동계(sliding caliper): 간상계보다 작은 부분의 길이와 투영 길이를 재는 도구(예: 어깨-팔꿈치 길이 측정)

라. 피지후계(skinfold caliper): 피하지방을 포함한 피부 두께를 측정하는 기구(예: 복부의 피하지방 측정)

> **TIP**
>
> [2020][2023]
> ① 신체구성의 준거(절대)측정방법: 수중체중법, 자기공명 영상법, 이중에너지X선 흡수법, 윈게이트검사 등
> ② 신체구성의 규준(상대)측정방법: 신체질량지수, 체질량지수(BMI), 지방량지수(FMI), 제지방량지수(FFMI), 허리-엉덩이둘레(WHR) 등

07 운동기능과 신체활동

1) 운동기능검사

(1) 운동기능검사의 의미
- 운동에 관여하는 신경·뼈 및 관절이 바르게 기능하는지를 알아보기 위한 검사로, 운동기능에 문제 여부를 판단하기 위해서는 다음의 검사를 실시함

  가. 자세(외형): 신체의 움직임이나 신체를 가누는 형태
  나. 불수의운동(의식적인 통제 없이 발생하는 운동)
  다. 수의운동(자발적인 운동으로 속도, 강도, 범위, 근의 이완, 연합운동 등)
  라. 공조(共調)운동

(2) 운동기능 검사의 목적 [2017]
- 연습 및 훈련의 성취수준 평가
- 연습 및 훈련에 대한 대상자들의 동기유발
- 질병 예방과 생활양식의 변화가 필요한 집단을 분류하기 위함

(3) 운동기능검사의 측정요인 [2021]
- 시간   - 거리   - 속도

2) 신체활동검사

(1) 신체활동의 의미 [2016]
- 신체활동과 사망률은 상관이 있음

- 신체활동은 근골격의 수축에 의한 신체의 움직임이 포함됨
- 관상동맥질환에 의한 사망률은 신체활동량보다는 체력수준과 상관이 높음
- 노인의 신체활동 수준의 감소는 사회적, 심리적 요인과 상관이 있음

(2) 신체활동의 측정 목적 [2017]
- 일상생활에서 나타나는 신체활동량을 측정하는 것

(3) 신체활동량 측정 검사도구 종류 [2018][2019][2020][2021][2022][2023][2024]
- 신체활동의 측정은 실험장비를 통한 준거검사, 기구를 사용하는 직접 측정하는 방법과 관찰이나
  질문을 통한 간접측정 방법으로 구분됨

가. 실험장비를 통한 직접 측정(준거 검사) 도구
가) 만보계(보행계수계)
- 대상자의 신체 이동 정도를 통해 측정하는 도구

나) 가속도계
- 신체활동량을 강도로 분류하여 소비한 에너지소비량을 추정하는 도구로, 착용이 간편하고
  오랜 기간 누적 측정이 가능함

다) 심박수 모니터링법
- 정상시 혹은 운동 시 심박수를 모니터링하여 측정하는 도구

라) 간접 열량측정법
- 생체 안에서 발생한 열량을 간접적으로 측정하는 도구
- 에너지 소비량을 측정하기 위하여 호흡가스분석법을 사용하며, 체내 산소 소비량 및 이산
  화탄소 생성량을 측정

마) 이중표지수법
- 에너지 소비량을 측정하는 것으로, 대사과정의 속도를 추적한 생화학적 도구

나. 관찰이나 질문을 통한 간접 측정(주관적) 도구

  가) 일일기록지

    - 하루 동안의 모든 신체활동을 회상하며 신체활동의 강도, 시간, 내용 등을 본인이 기록함

  나) 자기보고법

    - 영역의 검사 혹은 평가방법의 하나로 피험자 스스로 관찰 결과를 보고하게 함으로써 검사
      혹은 평가자료를 수집하는 방법

  다) 질문지

    - 일정 기간 동안의 신체활동을 질문을 이용하여 측정하는 것(신체활동 질문지의 예: Baecke
      질문지, IPAQ, Stanford 7-day Recall 질문지 등)

  라) 관찰법

    - 대상자의 행동을 조사자가 주기적으로 관찰하여 신체활동을 측정하는 방법

다. 유산소운동 강도를 측정하는 요인 [2019]

  가) 운동자각도(Rate of Percieved Exertion=RPE)

    - 운동 중 운동강도를 어떻게 느끼는지를 주어진 척도로 하여 나타내는 수치

  나) 심박수(heart rate)

    - 심장의 박동 수를 측정하는 것 보통 성인의 경우 약 70~75회임

  다) 산소섭취량

    - 1분(60초)간 호흡에 의해 체내로 들일 수 있는 산소량을 의미

(4) 신체활동의 에너지 소비 계산 [2016]

가. MET: 안정시 에너지 대사의 배수를 나타냄

나. Kcal: 신체활동 에너지소비를 계산하는데 사용되는 직접적인 에너지 단위

(5) 미국대학스포츠의학회(ACSM)의 운동강도 분류 [2019][2021]

가. 저강도

- 서서 가벼운 일하기, 집·일터 주변 느리게 걷기, 집안일(침구정돈, 다리미, 설거지), 당구, 낚시 (앉아서), 크로켓, 악기연주 등

나. 중강도

- 경쾌한 속도로 걷는 정도, 집안일(유리창 청소, 대걸레질, 잔디깎기), 농구, 골프, 탁구, 행글라이 딩, 배드민턴, 테니스복식 등

다. 고강도

- 활발히 걷기, 뛰기, 무거운 짐 나르기, 농구게임, 축구, 수영, 테니스단식 등

운동강도 분류

강도	대사당량
저강도 신체활동	1.6~2.9 MET
중강도 신체활동	3.0~5.9 MET
고강도 신체활동	6.0 MET ≤

트레이닝론

01 트레이닝 기초

1) 트레이닝의 개념과 목적

(1) 트레이닝의 정의 및 효과 [2018]
- 운동 자극에 대한 인체의 적응을 이용하여 운동능력을 계획적으로 향상시키는 과정
- 운동선수의 경우 경기력 향상을 목적으로 인체를 체계적으로 지속적이며 과학적으로 자극을 주어 체력과 경기력을 향상시키는 과정

(2) 트레이닝의 목적 [2018][2023][2024]
- 경기력 및 체력 향상
- 심리적인 안정감 및 강화
- 기술적, 전술적 요소 향상
- 부상 예방
- 전술강화

(3) 트레이닝과 관련된 체력 분류
가. 건강 관련 체력 [2016][2017]
- 근력: 근육이 힘을 발휘하는 능력
- 근지구력: 피로감 없이 수행을 지속할 수 있는 근육의 능력
- 신체조성: 신체의 근육, 지방, 뼈, 무기질의 상대적인 양
- 유연성: 관절의 최대한으로 낼 수 있는 가동범위

나. 기술(운동) 관련 체력 [2016][2017][2019][2020][2021][2022]
- 평형성: 정지 혹은 움직이는 상태에서의 균형을 유지할 수 있는 능력
- 민첩성: 스피드와 정확성을 동반한 공간에서 신체의 위치 변경하는 능력

- 협응력: 감각기관을 다른 신체능력과 부드럽고 매끄럽게 사용하는 능력
- 반응시간: 자극과 반응시작 사이의 경과시간
- 순발력: 운동을 수행하는 능력이나 속도

다. 체력검사 요소 및 순서 [2021]

- 안정시 혈압 → 신체조성 분석 → 심폐지구력 → 근력 및 근지구력 → 유연성

라. 체력검사 목적

- 개인별 건강관련 체력 수준 파악 및 개별화된 트레이닝 적용을 위한 정보 제공
- 트레이닝 적용 후 트레이닝 효과 검증
- 트레이닝 목표 도달을 위한 기초 정보 제공

2) 경기력의 개념과 요소

(1) 경기력의 정의

- 운동선수가 운동 경기를 진행하는 능력

(2) 경기력의 결정 요소 [2018]

- 유전, 성숙 정도
- 기술적, 전술적 요인
- 체력: 근력, 근지구력, 심폐지구력, 파워, 스피드, 유연성, 평형성, 협응력 등
- 심리적: 성격, 불안수준, 불안 극복 능력, 집중력, 자신감, 인지능력, 태도 등
- 상황 극복 능력: 영양, 식이상태, 체온, 운동상해, 시차, 피로 등
- 체계적, 과학적, 지속적인 트레이닝(훈련) 상태

02 트레이닝의 원리와 계획의 기초

1) 트레이닝의 생리학적 기초

(1) 심폐지구력 트레이닝에 의한 대사 적응
- 안정 시 심박수 감소
- 최대산소섭취량 증가
- 심장의 1회 박출량 증가에 따른 최대심박출량 증가
- 최대운동 시 동정맥산소차 증가

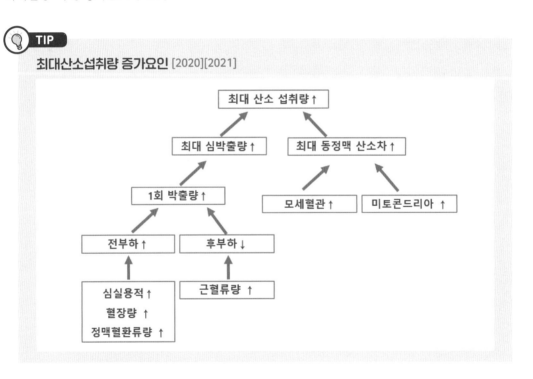

(2) 심폐지구력 트레이닝에 의한 생리적 변화 [2018][2021][2019][2023][2024]
- 속근섬유 → 지근섬유로 전환되어 지근섬유 비율 증가
- 모세혈관, 미토콘드리아 함량 증가

- 근육의 항산화능력 향상(자유라디칼 중화 → 자유라디칼 손상 방지 → 근피로 예방)
- 모세혈관 / 미토콘드리아 / 지방산 수송 능력 증가, 베타산화 촉진으로 지방대사 증가
- 환기역치 시점의 지연
- 혈중 수소 이온 농도의 항상성 조절 능력 향상
- 인슐린 저항성 감소

(3) 심폐지구력 트레이닝의 중단
- 혈장량 감소 → 1회 박출량 감소 → 동정맥산소차 감소 → 최대산소섭취량 감소
- 근섬유의 미토콘드리아, 모세혈관 감소

(4) 근력 트레이닝에 의한 대사 적응
- 세포 내 완충제, 수소이온 전달체계 증가
- 속근섬유의 근비대, 근력향상
- 무산소성 운동 시스템의 활성화(ATP-PC, 해당작용)

(5) 근력 트레이닝에 의한 생리적 변화 [2018][2020][2021][2024]
- 신경계의 변화(단기: 신경계 적응, 장기: 근비대)
- 근 섬유의 수 증가(증식): 근력 운동에 따른 근 섬유의 수가 증가
- 근 섬유의 크기 증가(비대): 장시간 운동에 따른 근섬유의 면적 증가
- 근원섬유 단백질 증가 → 십자형가교 증가 → 근력 증가
- 근육 산화 능력, 항산화 효소 활동, 모세혈관 수 증가
- 제지방량 증가
- 안정시 대사율 증가
- 액틴과 마이오신 증가

(6) 근력 트레이닝의 중단 [2020]
- 액틴, 마이오신 감소
- 근육, 신경계 위축
- 근파워, 근력, 근지구력 감소

2) 트레이닝의 원리 [2016][2017][2018][2019][2020][2021][2022][2023][2024]

- 과부하의 원리: 운동 기능을 향상시키기 위해 일상적인 부하 이상의 자극이 요구
- 점진성의 원리: 운동의 양, 강도를 점진적(단계적)으로 증가시키는 것
- 반복성의 원리: 일시적이 아닌 장기적으로 반복하여 운동 효과를 높이는 것
- 가역성의 원리: 트레이닝 중단 시 신체의 기능이 트레이닝 전으로 돌아가는 것
- 개별성의 원리: 성별, 연령, 건강상태 등을 고려하여 트레이닝 하는 것
- 특이성의 원리: 종목, 체력별로 목적에 부합하는 트레이닝 진행
- 다양성의 원리: 단조로움과 지루함을 극복하기 위한 다양한 트레이닝 계획
- 트레이닝 사이클
  • 트레이닝은 심혈관계 체력, 근력, 무산소성 파워, 스피드, 근 신경계 기술발전, 유연성 등 다양한 요소로 구성
  • 이러한 각각의 요소는 선수의 경험, 성숙도, 유전 등에 의해 트레이닝 효과가 다르게 나타날 수 있음
  • 단주기(microcycle): 일주일
  • 중주기(mesocycle): 2주~3개월
  • 장주기(macricycle): 년 단위 [2020]

3) 트레이닝 계획의 기초

(1) 트레이닝 계획의 요소(FITT-PV)
- 운동빈도(Frequecy): 주당 실시하는 운동 횟수
- 운동강도(Intensiyt): 수행한 운동의 힘든 정도
- 운동형태(Type): 수행한 운동의 종류(유산소 운동, 근력 운동, 유연성 운동 등)
  (심폐지구력: HRR, HRmax, RPE, MET / 근력: RM)
- 운동시간(Time): 운동을 수행한 시간
- 진행(Progression): 운동빈도, 시간, 강도에 적응하면서 점차 운동량의 변화
- 운동량(Volume): 하루 수행한 운동의 총량(빈도×시간×강도)

- 질적요소: 운동강도, 운동형태 [2017][2020][2023]
- 양적요소: 운동빈도, 운동시간, 운동량

(2) 운동세션(session) 구분

가. 준비운동 [2019][2020][2022]

- 최소 5~10분가량 저/중강도 유산소 운동, 스트레칭, 가벼운 근력운동 실시
- 신체가 생리적, 생체역학적으로 적응하는 단계
- 효과: 심박수와 호흡률 증가, 근육의 유입되는 혈액량 증가, 산·염기 평형 유지, 관절가동범위 증가, 체온상승, 근육의 탄력성 증가, 효소 활동 증가 등

나. 본 운동

- 최소 20~60분 정도 진행
- FITT-PV에 의해 계획한 운동 진행

다. 정리운동 [2016][2018][2020][2022]

- 최소 5~10분가량 저/중강도 유산소 운동, 스트레칭, 가벼운 근력운동 실시
- 근육에 생성된 대사물 제거, 운동으로 인해 올라간 심박수와 혈압의 정상화
- 효과: 체내 축적된 젖산의 제거, 산·염기 평형 유지, 근육통 완화, 현기증 감소, 정맥혈 회귀량 증가, 피로회복, 골격근의 혈액을 전신을 순환 등

03 체력 트레이닝 방법

1) 심폐지구력 트레이닝

(1) 심폐지구력 트레이닝의 종류

가. 장비를 이용한 운동

- 트레드밀, 고정식 자전거, 스텝퍼, 로잉머신 등

나. 기타

- 달리기, 걷기, 수영, 스텝운동 등

다. 심폐지구력 트레이닝 방법 [2019][2020][2023]

- 단계별 트레이닝
  - 체력을 단계적(1~3단계)으로 향상시키기 위한 트레이닝
  - 오버트레이닝과 부상 위험을 최소화

단계	최대심박수(%)	운동자각도
1단계	65~75%	12~13
2단계	76~85%	14~16
3단계	86~95%	17~19

- 서킷 트레이닝: 여러 운동을 순차적으로 수행하는 순환 트레이닝
- 파트렉 트레이닝: 언덕이 많은 자연 지형을 이용하는 트레이닝(인터벌 트레이닝 변형)
- 인터벌 트레이닝: 운동과 짧은 휴식을 반복으로 수행하는 트레이닝
- 모델 트레이닝
  - 트레이닝 과정을 3단계로 나누어 진행
  - 1단계는 실제 경기 거리 보다 짧게, 2단계는 실제 거리보다 길게 지속 달리기, 3단계는 실제 경

기 거리만큼 반복

(2) 심폐지구력 트레이닝의 운동강도 설정 방법 [2018]

가. 최대산소소비량(Peak VO2)

- 분당/체중당 최대산소소비량
- 공식: 목표산소소비량 = 최대산소소비량 × 운동강도(%)

나. 최대산소섭취량(VO2max)

- 최대 운동 시 산소를 소비할 수 있는 능력

다. 여유산소섭취량(VO2R)

- 최대산소소비량과 안정 시 산소 소비량에 근거하여 운동강도 설정
- 공식: [(최대산소소비량 - 안정시 산소 소비량)] × 운동강도(%)] + 안정시산소소비량

라. 최대대사량(MET)

- 안정 시 대사율(3.5ml·kg·min)에 대입하여 운동강도 설정
- 공식: 목표 MET = [최대산소비량 / (3.5ml × kg × mim)] × 운동강도(%)

마. 최대심박수(HRmax)

- 개인별 심박수의 최대치(추청지: 220-나이)

바. 여유심박수(HRR)

- 최대심박수와 안정 시 심박수에 근거하여 운동강도 설정
- 공식: [(최대심박수 - 안정시 심박수) × 운동강도(%)] + 안정시 심박수

사. 운동자각도(REP)

- 운동 중 느끼는 주관적인 힘듦 정도(보그스케일: 6~20의 수치 사용)

(3) 상대적 운동 강도

분류	VO2R 또는 HRR(%)	HRmax(%)	RPE
매우 가벼움	< 20	< 35	< 10
가벼움	20~39	35~54	10~11
적당한	40~59	55~69	12~13
힘듦	60~84	70~89	14~16
매우 힘듦	≥ 85	≥ 90	17~19
최대로 힘듦	100	100	20

심폐지구력 트레이닝 빈도
일반적으로 3~5일 권고, 중강도 주당 5일 이상 또는 고강도 주당 3일 이상, 중강도 + 고강도 3~5일 복합수행 가능(ACSM)

2) 근력 트레이닝

(1) 근수축의 종류 [2019][2022]
가. 등장성 수축: 근육의 길이가 변하는 수축

- 단축성 수축: 근육의 길이가 짧아지는 근수축

- 신장성 수축: 근육의 길이가 길어지는 근수축

나. 등속성 수축

- 관절각의 변화가 일정한 속도로 이루어지는 동적인 근수축

다. 등척성 수축

- 근육의 길이가 변화하지 않는 수축

(2) 일반적 적응 증후군(General Adaptation Syndrome; GAS) [2022]

- 신체가 스트레스를 받는 상황에서 자신을 방어하는 3단계 시도

- 경고단계: 신채 내에 생리적, 심리적 방어기전을 활성화 하는 단계

- 저항증가단계: 신체는 스트레스에 적응하는 기능적인 능력이 증가하는 단계
- 탈진단계: 장기간 과도한 스트레스에 노출된 단계(근골격계 부상 야기)

(3) 근력 트레이닝의 운동강도 설정 방법

가. 1RM(one repetition maximum)

- 한 번에 최대의 힘으로 중량을 드는 능력
- 직접측정(초보 운동자에게는 권장되지 않음)
  - 1RM을 측정하고자 하는 운동을 6~10회 반복하여 준비운동
  - 4회 이상 수행할 수 있는 무게 지정 후 수행
  - 2분가량 휴식 후 상체 5kg, 하체 10kg 씩 증량하여 반복 측정
  - 1회 수행할 수 있는 무게를 !RM으로 결정
- 간접측정 공식
  - $1RM = W0 + W1$
  - $W1 = W0 \times 0.025 \times R$
  - $W0 = $ 최대 노력한 중량(5~8회), $R = $ 반복횟수

(4) 근력 트레이닝 목적별 운동강도

가. 일반적인 운동강도 [2019]

- 초보자, 중급자 1RM의 60~70%
- 훈련자 1RM의 80%
- 노인, 체력이 저조한 자 1RM의 40~50%
- 근력 트레이닝 상대적 강도

강도	매우 가볍다	저강도	중강도	고강도	거의최대
% 1RM	< 30	30~49	50~69	70~84	≥ 85

나. 목적별 운동강도

목표	% 1RM	반복횟수(회)
근파워	30~60	6~12
근지구력	67 이하	12 이상
근비대	67~85	6~12
근력	85 이상	6 이하

(5) 근력 트레이닝 세트 종류 [2022]

가. 싱글세트: 각 운동별 한 세트씩 실시

나. 멀티플세트: 각 운동별 여러 세트 실시

다. 피라미트세트: 각 운동별 세트마다 무게를 증가시키고 반복횟수를 줄이며 실시

라. 역 피라미트세트: 각 운동별 세트마다 무게를 감시키고 반복횟수를 늘리며 실시

라. 드롭세트: 특정 중량으로 최대 반복 후 부하는 5~10% 낮추어 휴식 없이 실시

마. 슈퍼세트: 서로 반대되는 부위의 운동 2가지를 1세트로 실시(이두근-삼두근)

바. 컴파운드(복합)세트: 동일 부위의 운동 2가지를 1세트로 실시(바벨컬-덤벨컬)

> **TIP**
>
> **스플릿 루틴** [2018]
> 고강도 근력 트레이닝을 매일 진행하기 위해 요일마다 트레이닝하는 부위를 다르게 구성하는
> 운동법

> **TIP**
>
> **근력 트레이닝 빈도**
> 각 근육군 별로 최소 48시간의 간격을 두고, 주당 2~3회 실시(ACSM)

3) 유연성 트레이닝

(1) 유연성 트레이닝의 효과 [2024]

- 운동 전 워밍업 단계로 관절 가동각도를 증가 시키고, 운동 능력을 향상시킨다. 또한 지연성 근육 통을 예방하는 효과를 가지고 있다.

(2) 유연성 트레이닝의 종류

가. 정적 스트레칭 [2020][2021][2022]

- 관절가동범위 증가에 가장 효과적
- 근방추에 자극이 가지 않도록 천천히 실시
- 근육, 인대, 힘줄의 장력과 힘줄의 긴장도가 증가하면서 골지건기관을 자극하여 근방추를 억제함

으로써 근육을 이완시키는 자가억제 기전을 활용한 스트레칭법

나. 동적 스트레칭 [2016][2017][2018][2020]

- 점진적으로 관절가동범위와 움직임의 스피드를 증가시키며 실시
- 근육과 힘줄의 탄력성과 협응력 향상 가능
- 연부조직 확장성을 증가시키기 위해 상호억제 기전을 활용한 스트레칭법
- 특정 종목(운동)에서 요구되는 동작을 반영하여 실시
- 지나친 반동은 상해를 유발할 수 있으므로 주의

다. 탄성 스트레칭

- 신체 분절이 움직이는 탄력을 이용하는 스트레칭법

라. 고유수용성신경촉진 스트레칭(PNF) [2019]

- 해당 근육과 힘줄에 등척성 수축 후 같은 근육과 힘줄에 정적스트레칭 진행
- 근육을 최대한 신전시킨 후 보조자의 도움을 받아 등척성 수축 진행
- 근육의 신경 지배 원리를 이용하여 근수축과 신전능력을 향상시키는 스트레칭법
- 골지건기관(GTO)를 자극하여 관절가동범위를 증가시키는 스트레칭법

유연성 트레이닝 빈도
최소 2~3일, 가급적이면 매일 규칙적으로 실시(ACSM)

4) 민첩성 트레이닝

(1) 민첩성 트레이닝의 효과

- 방향 전환, 가속과 감속과 같은 능력을 향상시키며, 스피드와 마찬가지로 균형능력, 반응속도, 파워 등이 요구된다.

(2) 민첩성 트레이닝의 종류

가. 사이드 스텝

- 좌우로 빠르게 움직여 빠르게 방향을 전환하며 민첩성 증가에 가장 효과적
- 1m 간격으로 기준선 설정
- 좌우측 선에 맞추어 양발을 수평 이동
- 30초 ~ 1분간 양발이 수평으로 왕복 훈련

나. 레더 스텝(사다리 운동)

- 점진적으로 움직임의 스피드를 증가시키며 실시
- 바닥에 사다리 모양 틀을 설치
- 정확하게 스텝을 사용하여 사다리 사이 공간 이동 수행
- 훈련 목적에 따라 스텝 종류 변경

5) 평형성 트레이닝

(1) 평형성 트레이닝의 효과

- 신체를 일정한 자세로 유지할 수 있는 능력을 말하며, 일상생활이나 스포츠에서 균형, 미적 능률, 안전 등의 측면과 관련된다.

(2) 평형성 트레이닝의 방법 [2024]

- 단순한 동작 → 복잡한 동작
- 안정된 지면 → 불안정항 지면
- 눈을 뜨고 실시 → 눈을 감고 실시

(3) 평형성 트레이닝의 종류

가. 정적평형성

- 한 발로 서서 균형 잡기
- 막대 위에서 균형 잡기
- 볼 균형 잡기

- 밸런스 패드 밟고 균형 잡기

나. 동적평형성
- 직선 보행 검사
- 스쿠터보드 타기
- 균형 걷기

6) 기타 체력 요소의 트레이닝

(1) 플라이오메트릭 트레이닝 [2016][2017][2019][2021][2023]
- 근육의 신장반사를 이용한 트레이닝 방법
- 신장반사 트레이닝을 통해 단축성 수축을 향상시킬 수 있는 트레이닝 방법
- 바운드, 홉, 점프, 스킵 동작들을 활용하여 신경계통, 근파워, 스피드를 향상
- 초보자보다 운동 숙련자에게 더욱 적합한 트레이닝 방법
- 플라이오메트릭 트레이닝은 양(quantity)보다 질(quality)이 중요
- 플라이오메트릭 트레이닝의 3단계
  - 적재기(편심기): 동작 직전 근육이 미리 신장 되도록 하여 근방추의 역할 증가
  - 전환기: 역동적 안정화를 포함, 신장성 근육의 끝과 단축성 수축의 시작 사이
  - 수축기(방출기): 전환기 직후 바로 일어나며, 신장성 수축을 거치면서 근육 수행능력이 강화되고 단축성 수축을 포함
- 플라이오메트릭 트레이닝 단계 및 프로그램 설계

단계	세트	반복 횟수	속도	휴식
안정화(1)	1~3	5~8	통제(안정자세 3~5초 유지)	0~90초
근력(2, 3, 4)	2~3	8~10	중간(반복)	0~60초
파워(5)	2~3	8~12	가장 빠르게	0~60초

04 연간 트레이닝 프로그램 구성

1) 트레이닝 주기화

(1) 트레이닝 주기화 종류

가. 트레이닝 주기화 [2017][2020]

- 주기화(Periodisation)는 Cycle Training라 불리며, 양질의 훈련과 결과를 보장
- 주기화의 목표는 근력, 스피드, 파워 그리고 기술적인 능력의 점진적 증진, 훈련 및 경기 수행능력의 최적화
- 주기화 프로그램 안에는 사전 계획, 훈련의 체계적인 단계 및 훈련강도와 훈련양을 포함

나. 주기화 원리의 기본개념

- 주기화 프로그램의 기본원리는 신체의 스트레스에 대한 반응
- 점진적인 트레이닝에 의해 운동수행력을 최대로 발휘

💡 **TIP**

주기화 원리

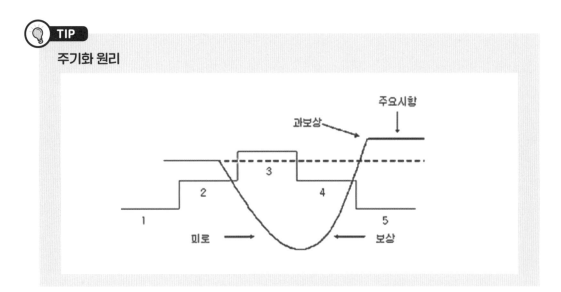

다. 스트레스에 대한 반응 단계

가) 경각 단계(Alarm Stage)

- 신체가 이전보다 높은 자극에 대한 첫 번째 반응 단계

나) 적응 / 저항 단계(Aadaptation/Resistance Stage)

- 자극에 생화학적, 구조적, 기술적, 심리적으로 적응을 하는 단계

다) 과로 / 탈진 단계(Exhaustion Stage)

- 자극의 반복으로 인하여 적절한 적응이 이루어지지 못하는 단계

라. 주기화모형 [2020]

- 주기화 모형은 크게 세 단계로 구분
  가) 장주기(Macro Cycle): 연간 주기 혹은 올림픽 주기(1년 혹은 4년 단위)
  나) 중주기(Meso Cycle): 주간, 월간 주기(4-6주, 2-3개월)
  다) 단주기(Micro Cycle): 주간 주기(1-4주)

2) 트레이닝 주기화의 실체 [2021][2022]

(1) 선수 트레이닝 주기화

가. 아마추어 선수 트레이닝을 위한 4단계

가) 준비 기간(Preparatory Period)

- 준비 기간이 대부분 길고 시합이 없으며, 스포츠 특이적 기술이나 경기 전략 및 전술을 훈련하는 기간
- 준비 기간은 근비대/지구력 단계, 기초 근력 단계, 근력/순발력 단계로 구분

나) 1차 이행 기간(1st Transition Period)

- 경기 시작 1주일간 낮은 운동량 제공 또는 두 가지의 복합적인 저강도와 낮은 운동량 제공

다) 시합 기간(Competition Period)

- 훈련량 감소, 훈련 강도는 높여서 근력과 순발력을 최고 정점도달 목표

라) 2차 이행 기간(2nd Transition Period)

- 적극적인 휴식 또는 회복기

TIP

Matveyev의 주기화 모델(아마추어 선수들에게 적합한 모델)

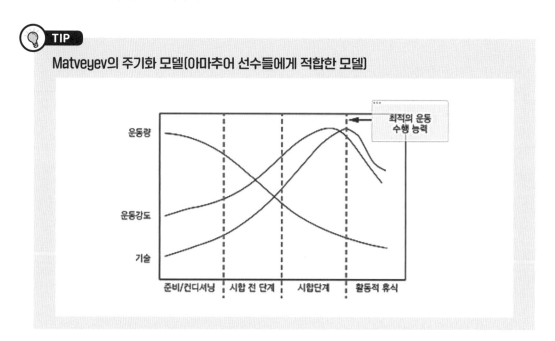

나. 우수 선수 트레이닝을 위한 5단계 [2019][2024]

가) 컨디셔닝 단계(Conditioning Phase)

-기초 체력 및 유산소 에너지 동원 능력을 향상

-저강도 고부하로약 4주 간 진행

나) 근력 향상 단계(Improve Strength Phase)

- 각 부위별 근력 향상 및 개인 기술을 보완하는 단계

다) 파워 향상 단계(Improve Power Phase)

- 스피드증가와 파워 및 기술 향상에 초점

라) 경기 단계(Game Phase)
- 최고 수준의 운동수행력 발현을 목표

마) 전이 단계(Transition Phase)
- 활동적인 휴식기간, 시즌 후 피로 제거와 신체적, 심리적 재충전

다. 주기화의 주요 목표(Main Goal of Periodisation)
- 훈련 자극에 대한 다양성 제공
- 자극 부하의 변화를 통해 장기간 진전 보장
- 고강도 훈련으로부터 회복을 위한 휴식기간 제공
- 과훈련과 부정적 진전 예방
- 적절한 시간에 정신적, 신체적, 정서적으로 정점에 도달
- 장기간 높은 수준의 동기유발 제공

(2) 팀 스포츠 트레이닝 주기화
가. 비시즌(오프시즌, Off-Season)
- 시즌 종료부터 시즌시작 전까지의 전이(휴식)단계
- 저강도 고부하로약 4주간 진행

나. 시즌 전(프리시즌, Pre-Season)
- 1~3차 훈련을 통해서 체력과 기술, 정신 그리고 팀의 전술과 전략을 완성

다. 시즌(인시즌, In-Season)
- 대부분 주당 1-2경기를 수행, 1경기가 있을 때와 2경기의 주기화는 다르며 경기에 모든 집중

라. 시즌 후(시즌 오프, Season-off)
- 선수들이 스스로 본인에 맞춰서 휴식

05 환경과 적응 트레이닝

1) 고지 환경과 트레이닝

(1) 고지 환경의 특성 [2020]
- 지상보다 낮은 공기밀도
- 대기의 낮은 산소분압
- 헤모글로빈 산소포화도 저하
- 저산소증 발생 유발
- 급격한 체온변화 유발

가. 중추이론 [2016]
- 저산소 환경에 적응을 통해 혈액 수준에서의 산소운반능력 개선을 통한 지구력의 향상

(2) 고지 환경 트레이닝 [2017][2022][2023][2024]
- 적혈구와 모세혈관의 수를 증가
- 헤모글로빈과 마이오글로빈 생성을 증가
- 혈액의 산소 운반능력 향상
- 고지대 체류 - 저지대 트레이닝은 저산소 환경에 대한 적응력을 향상

가. 고지 환경에서 체온조절 기전 [2018]

체온조절 기전

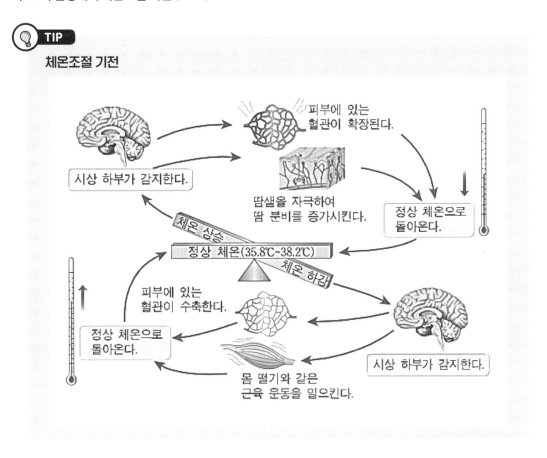

2) 고온 환경과 트레이닝

(1) 고온 환경 스트레스 열지표 [2022]

- 건구(dry bulb) 온도

- 습구(wet bulb) 온도

- 복사(black globe) 온도

- 대기(air globe) 온도

(2) 고온 순응(heat acclimation) [2016][2017][2019][2020][2024]

- 체온감소

- 땀배출 증가
- 혈류량 증가
- 심박수 감수
- 심박출량 증가
- 혈장량 증가
- 땀의 염분손실 감소
- 낮은 심부온도
- 열사병 예방

(3) 열손상 [2021]
가. 열사병
- 40℃ 이상의 심부체온, 중추신경계 기능 이상, 무한증 증상

나. 열탈진
- 신체의 온도가 섭씨 37도에서 40도 사이로 상승하여, 적절한 심박출을 유지할 수 없으나 중추신
  경계의 이상은 없는 상태

다. 열경련
- 염분 부족으로 발생하며, 반복되는 경련이 주요 증상

라. 열실신
- 피부의 혈관이 확장되면서 발생, 의식을 갑자기 소실해서 실신

3) 수중 환경과 트레이닝

(1) 수중 환경 [2022][2024]
- 낮은 온도로 저체온증 유발
- 부력 작용

- 압착(squeeze) 존재

- 수중 산소 부재

- 대기보다 높은 열전도율

(2) 부력(buoyancy) [2021]

- 수중 운동 시 인체에 작용하는 힘으로, 중력에 대립하여 위로 작용하는 힘

(3) 수중 환경 트레이닝 장점

- 고체온증 예방

- 무릎 및 척추관절 보호

- 특수 트레이닝 대상(임산부, 노인) 적용가능

- 저강도 지속 운동 가능

06 성장발달과 트레이닝

1) 발달 단계의 특성

(1) 인체 발달의 특성

 TIP

발달 단계의 특성

태아기	임신~출산	태아기 (pregnancy & prenatal development)	임신~출산	태아기	태아기		임신~출산
유아기 (乳兒期)	출생~1.5세	유아기(乳兒期) (infancy)	출산~2세 (24개월)	영유아기	영유아기	영아기 감각운동기	출생~1.5/2세
걸음마기	1.5~3세	걸음마기 (toddlerhood)	2~3세			걸음마기 전조작기 초기	1.5/2~4세
초기 학령기	3~6세	초기학령기 (early school age)	4~6세	학령전기	학령전기 전조작기 후기		4~6세
후기 아동기	6~12세	아동기 (middle childhood)	6~12세	아동기	아동기 구체적 조작기		6/7~12세
청소년기	12~19세	청소년기 (early adolescence)	12~18세	청소년기	청소년기 형식적 조작기		12/13 ~18/19세
청년기	19~29세	청년기 / 청소년 후기 (later adolescence)	18~24세	청년기	청년기		19~29세
중년기	30~65세	성인초기 (early adulthood)	24~34세	장년기	장년기		30~65세
		성인중기 (middle adulthood)	34~60세				
노년기	65세 이상	노년기 (later adulthood)	60~75세	노년기	노년기		65세 이상
		노년 후기 (very old age)	75세 이상				

가. 신체적 발달

가) 신체 크기의 변화

- 인간은 출생 직후 급속히 빠르게 성장
- 1세경 영아의 키는 출생 시보다 50% 증가

- 체중의 변화: 5개월- 출생 시 두 배, 1세경- 세 배, 2세 경- 네 배
- 아동 초, 중기에는 성장이 느려지다 사춘기에 다시 급격한 성장

나)신체 특성의 변화 [2016][2021][2024]
- 성장과 함께 폐의 크기도 증가
- 근육량의 증가는 주로근섬유 크기의 증가에 기인
- 근육량의 증가는 주로근섬유 크기의 증가에 기인
- 지방세포는 성장 발달에 따라 크기와 수가 증가
- 신경계가 발달함에 따라 균형성, 민첩성 및 협응성이 향상
- 근력의 발달과 함께 골밀도 증가
- 성장과 함께 운동단위 동원 증가

다) 신체 비율의 변화

TIP

신체비율의 변화

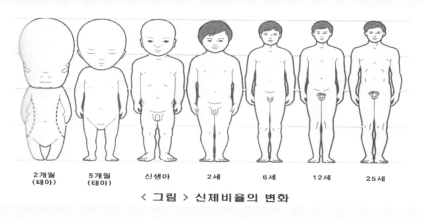

< 그림 > 신체비율의 변화

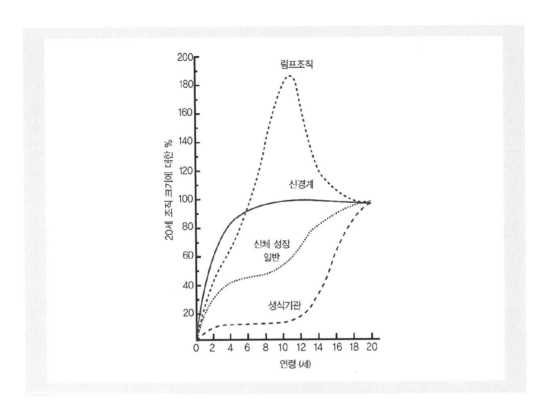

2) 발달화 트레이닝 지침 [2022]

(1) 생애주기별 발달의 특성

- 인체는 생애주기 별로 발달 단계와 목표 차이
- 기본 운동 원리는 동일하게 적용하나 연령별 특수성을 고려
- 준비운동 정리 운동 및 운동 전 사전 운동검사 실시

가. 영·유아기

- 성장 급등기라 불릴 만큼 빠른 속도로 성장
- 신장 및 체중 빠르게 증가, 골격과 근육, 중추신경계 등 발달
- 기기, 걷기, 뛰기, 달리기와 같은 대근육 운동기능 발달
- 감각기관을 토대로 여러 가지 자극에 반응하는 감각활동발달

나. 아동·청소년기 [2020][2021]

- 성장발달 도모(성장판자극)
- 비만 예방 및 당뇨병 위험 감소
- 심폐지구력 및 근력 향상
- 아동·청소년기 평균 심박수는 성인보다 높기에 트레이닝 설정 시 유의

다. 성인기

- 개인별 운동기능을 고려하여 트레이닝 설계
- 성인병 예방 및 근육량 유지
- 개인별 운동 목적에 적합한 트레이닝 선택
- 운동 종류, 강도, 시간 고려

라. 노년기

- 개인별 운동기능을 고려하여 트레이닝 설계
- 질병 등 특수성 고려
- 무리한 활동보다 건강 유지에 초점
- 운동 종류, 강도, 시간 고려

07 운동 피로와 회복

1) 운동성 피로의 원인과 회복

(1) 운동성 피로의 원인 [2020][2022]
- 운동성 피로는 주로 근피로에 의해 유발
- 근피로는 주어진 운동강도를 유지할 수 있는 능력이 감소된 상태

가. 에너지고갈
- 단시간의 고강도 운동으로 근육내 ATP, PC의 고갈이 운동능력 저하 유발
- 글루코스와 근글리코겐의 고갈이 주된 피로의 원인

나. 대사산물의 축적
- 운동으로 인해 발생하는 수소이온은 근육내 PFK효소를 억제하여 해당과정에 의한 에너지생산 감소
- 트로포닌으로부터 칼슘이온을 분리 및 근수축을 방해
- 인산염 축적 역시 수소이온과 같은 기전으로 근피로를 유발
- 칼슘이온 축적: 미토콘드리아의 산소소비를 증가, ATP생산을 억제, 근형질세망의 칼슘이온 재흡수를 방해
- 암모니아 축적 시 중추신경계 피로 유발

다. 중추신경계와 심리적 피로
- 운동단위를 발휘를 방해하여 운동지장 초래
- 동기수준, 각성수준, 심리적 피로 또한 운동능력을 감소

(2) 운동성 피로의 회복 [2016][2017][2022][2024]

- 고탄수화물 식이와 에너지원 보충
- 정리운동 습관화, 냉온욕, 마사지 등을 통한 부산물의 제거
- 비타민, 미네랄 섭취를 통한 체액과 전해질 균형유지

2) 과훈련 [2020]

(1) 과훈련의 원인

- 과훈련이란 충분한 회복 시간을 허용하지 않고 운동 할 때 발생
- 인체의 역치를 넘는 반복적 운동은 건강에 악영향

(2) 과훈련의 구분

가. 기능적 과수행(functional overreaching, FOR)

- 단기간의 과훈련시 단기 수행력 감소를 초래하는 일시적 반응
- 회복은 며칠에서 몇 주 정도 소요

나. 비기능적 과수행(nonfunctional overreaching, NFOR)

- 적절한 회복 기간 없이 과도한 훈련이 지속 시 발생
- 수주, 혹은 수개월동안 수행력의 정체와 감소발생

젖산 역치 기준

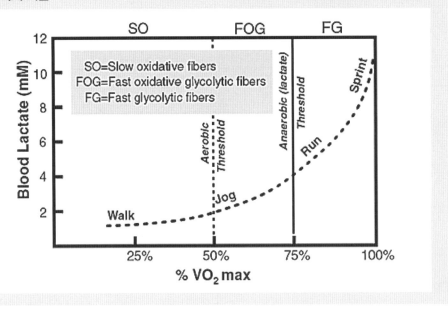

다. 과훈련 징후와 증상 [2016][2018][2023]

- 충분하지 않은 식사
- 근육통, 염좌 및 통증
- 부상
- 피로
- 식욕 감소 및 체중 감소
- 과민성 및 불안
- 근육통, 염좌 및 통증
- 수면장애
- 운동기능 저하
- 면역감소 및 질병증가
- 동기상실

스포츠
영양학

1) 각종영양소와 기능

(1) 필수영양소의 종류

가. 필수영양소: 인간의 생존에 필수적인 6가지 영양소

나. 종류: 탄수화물, 지질, 단백질, 비타민, 무기질, 수분

 TIP

필수영양소의 구분 [2016][2023]

탄수화물		포도당
지질		리놀레산, 리놀렌산
단백질		이소루신, 루신, 발린, 메티오닌, 리신, 페닐알라닌, 트레오닌, 트립토판, 히스티딘(조건부)
비타민	지용성	A, D, E, K
	수용성	티아민, 리보플라빈, 나이아신, 판토텐산, 비오틴, B_6, B_{12}, 엽산, C
무기질	다량	칼슘, 인, 마그네슘, 염소, 칼륨, 나트륨, 황
	미량	철, 아연, 요오드, 크로뮴, 구리, 불소, 망간, 몰리브덴, 셀레늄, 코발트
	미확정	비소, 붕소, 카드뮴, 리튬, 니켈, 실리콘, 주석
수분		물

(2) 필수영양소의 기능 [2022][2024]

가. 성장과 발달촉진: 체조직 구성 및 보수에 관여하며 인체의 성장과 발달촉진

나. 에너지 제공: 인체 생존 및 활동에 필요한 에너지 제공

다. 대사조절: 다양한 생리학적 대사의 조절 및 유지

[2018][2020][2021][2022]

에너지 영양소: 탄수화물, 지질, 단백질 (운동 시 활용)

조절 영양소: 비타민, 무기질, 수분

2) 각종영양소와 권장량

(1) 영양섭취 기준 [2017][2020][2021][2023]

가. 평균필요량(estimated average requirement, EAR)

- 건강한 사람들의 일일 영양소 필요량의 중앙값

나. 권장섭취량(recommended dietary allowance, RDA)

- 전체 인구집단 97.5%의 영양소 필요량

다. 충분섭취량(adequate intake, AI)

- 건강한 사람들의 영양소 섭취량의 중앙값

라. 상한섭취량(upper limit, UL)

- 인체에 유해한 영향이 나타나지 않는 최대 영양소 섭취량

(2) 영양섭취 권장량

가. 인체의 균형적 발달을 위한 영양섭취 권장량 제공

20대 성인의 영양섭취 권장량

종류	평균필요량	권장섭취량	충분섭취량	필요추정량
에너지(kcla)	-	-	-	2,600
탄수화물(g)	-	-	-	-
지방(g)	-	-	-	-

n-3 불포화지방산(g)	–	–	–	–
n-6 불포화지방산(g)	–	–	–	–
단백질(g)	45	55	–	–
식이섬유(g)	–	–	31	–
수분(ml)	–	–	2,600	–

운동과 열량원

1) 운동과 탄수화물

(1) 탄수화물의 기능 [2018][2020]

가. 탄수화물의 종류

가) 단당류: 포도당(glucose), 유당(galactose), 과당(fructose)

- 가장 작은 탄수화물로 운동 시 에너지원으로 활용

나) 이당류: 맥아당(maltose), 젖당(con sugar), 자당(table sugar)

- 단당류 두 개가 합쳐진 형태

다) 다당류: 녹말(starch), 글리코겐(glycogen), 식이섬유(fiber)

- 10개 이상의 단당류가 결합된 것으로 에너지 탄수화물 저장에 활용

💡 TIP

탄수화물 저장량 [2021]

근원	g	kcal
혈중 포도당	5	20
간 글리코겐	75-100	300-400
근 글리코겐	300-400	1,200-1,600

나. 탄수화물의 기능

가) 에너지 공급: 인체의 주요 에너지원으로 작용(뇌와 적혈구의 에너지원)

나) 혈당유지: 혈당조절 기전을 통한 혈당유지(공복시 80-100mg/dL)

다) 단백질 절약작용: 인체 주요 에너지원으로 작용하여 단백질 절약

라) 체내대사조절: 케톤혈증 방지

(2) 탄수화물의 대사 [2017][2023]
- 탄수화물의 대사과정은 포도당 대사를 중점으로 발생

> 이화작용: 에너지를 분해하는 과정
> 동화작용: 에너지를 합성하는 과정

가. 해당과정(glycolysis)
- 세포질에서 포도당을 분해하는 과정으로 1개의 포도당을 2개의 피루브산(pyrovate)과 2개의
  NADH 및 2개의 ATP 생성

나. 젖산 생성과정 [2020][2022][2024]
- 해당과정에서 생성된 피루브산이 TCA 회로로 들어가지 못하면 젖산으로 환원
  - 젖산 생성은 해당과정을 유지시키며, 에너지 재생산으로 작용, 피로물질✕
  - 지근(ST)보다 속근(FT)에서 많이 생성

다. TCA 회로(TCA cycle)
- 피루브산이 아세틸 CoA로 환원되어 미토콘드리아로 들어오면 발생
- 크랩스회로(krebs-cycle), 구연산 회로(citlate-cycle)라 불림
- TCA cycle 1회당 1개의 GTP(ATP), 3개의 NADH, 1개의 FDAH$_2$ 생성

탄수화물 대사 요약

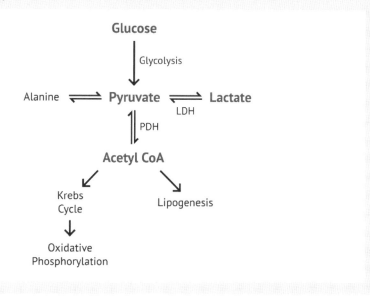

라. 포도당 신생합성(gluconeogenesis) [2021][2022]

- 2개의 피루브산으로 포도당 1개 생성 = 6ATP 사용

글리코겐 합성과 분해 [2021]

합성 촉진	분해 촉진
글루카곤, 코티졸, ATP	인슐린, 에피네피린, ADP, AMP

마. 코리 회로(cori cycle) [2020][2023]

- 해당과정에서 생성된 젖산이 혈관을 통해 간으로 이동하여 포도당으로 재합성(포도당 신생합성)

바. 알라닌 회로(cori cycle) [2020]

- 피루브산이 근육에서 아미노산 대사를 통해 생성된 NH_2와 결합하여 알라닌 생성

- 알라닌은 혈관을 통해 간으로 이동하여 포도당으로 재합성

- 재합성 과정에서 분리된 NH_2는 요소로 환원하여 신장에서 배출

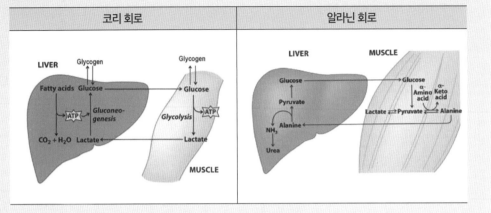

| 코리 회로 | 알라닌 회로 |

(3) 탄수화물과 운동 [2016]

- 탄수화물은 운동 중 가장 빠르게 활용되는 주요 에너지원으로 작용

가. 글리코겐로딩(glycogen loading) [2016]

- 마라톤, 크로스컨트리 등 지구성운동 혹은 고강도 운동 시 체내 글리코겐 고갈로 경기력 저하 및 피로 증가
- 근육 글리코겐이 저장량이 많을수록 운동지속 수행에 유리
- 글리코겐 로딩이란 제한적 탄수화물 식사를 하다가 경기 3일전 고탄수화물 식사를 통해 글리코겐 저장량 증가(20~40% 증가)

나. 경기 중 영양

- 60~90분 이상 지속되는 지구성운동 시 탄수화물 섭취는 근피로 및 운동능력 유감소 예방

다. 경기 후 영양

- 운동 후는 글리코겐 합성 최적기로 즉시 당질 섭취(저장률 시간당 7~8%)

2) 운동과 지질

(1) 지질의 기능

가. 지질의 종류

가) 중성지방: 1개의 글리세롤이 3개의 지방산과 결합된 형태 [2023]

- 체내 지방의 주요 저장형태

지방산 종류

포화 지방산	불포화 지방산 ; 단일 불포화지방산 다가 불포화지방산 오메가-3 지방산 오메가-6 지방산 트랜스지방산

나) 인지질: 1개의 글리세롤이 2개의 지방산과 1-2개의 인산기가 결합된 형태

- 인지질은 세포막의 주요 성분으로 인체에는 주로 레시틴(lecithin)으로 존재

다) 콜레스테롤: 스테롤로 알려진 지질의 일종으로 세포막구성, 호르몬 합성 등 작용

- 간에서 지방산으로부터, 혹은 포도당과 아미노산의 분해과정에서 생성

나. 지질의 기능 [2022][2024]

가) 구조: 신경막을 포함한 부분적으로 세포막은 콜레스테롤과 인지질로 구성

나) 대사조절: 필수 지방산은 세포내 대사에 영향을 미치며 콜레스테롤은 다양한 호르몬의 구성
물질로 작용. 또한 지방조직은 아디포카인(adipokine)을 생성하여 분비

다) 에너지 공급: 지방은 가장 많은 에너지를 보유하고 있는 인체 에너지원으로 작용

(2) 지질의 대사 [2017][2018]

가. 지단백질(lipoprotein)

- 지방은 소화 후 지단백질로 합성되어 체내 이동

- 지단백질은 밀도에 따라 VLDL → LDL → HDL로 구분

나. 중성지방 분해

- 중성지방을 글리세롤과 지방산으로 분해

- 글리세롤: 간에서 포도당신생합성을 통해 포도당으로 환원

- 지방산: 근육에서 에너지원으로 활용

다. 베타산화과정(βoxidation) [2022]

- 지방산의 이화작용 중 첫 번째 과정

- 미토콘드리아에서 지방산이 분해되어 아세틸-CoA와 NADH, $FADH_2$를 생성

라. 지방합성(lipogenesis)

- 탄소 2분자의 아세틸-CoA가 서로 결합하며 지방산 생성 = 1ATP, 2NADPH 사용

- 생성된 지방산은 글리세롤과 결합하여 중성지방으로 저장

(3) 지질과 운동 [2016][2020][2021][2023][2024]

가. 지질의 에너지 특성

- 지질은 유산소대사에서 많은 에너지 생성(유산소대사만 이용가능)

지질의 에너지 특성

	당질	지질
에너지 생성량	포도당(38ATP)	스테아린산(147ATP)
체내저장량(g)	350(근육, 간, 혈액)	무한정(근육, 지방조직)
운동지속시간(분)	90	4,000이상

산소 1L 소모 시 에너지 생성량(kcal)	5.04	4.67
산화율	빠름	느림
이용조직	뇌세포, 적혈구, 신장, 태반, 망막, 속근섬유	심장, 간, 지근섬유

나. 당질의 보존

- 장기간 지구성 운동 시 인체는 당질을 보존하기 위해 지질의 지 활용 비율 증가

다. 운동 시 에너지원

- 운동종류와 강도에 따라 사용되는 에너지원 차이 발생

탄수화물과 지방의 에너지 사용 비율

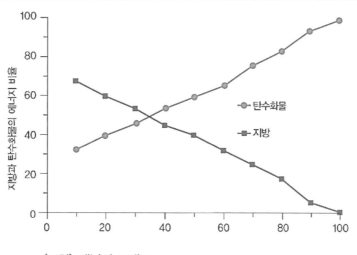

'교차' 개념의 그래프.
운동 강도가 증가함에 따라 탄수화물의 기여가 점차적으로 증가한다.

3) 운동과 단백질

(1) 단백질의 기능 [2020]

가. 단백질의 종류

아미노산의 종류

식품급원에 따라	필수아미노산 조성에 따라
식물성 단백질 동물성 단백질	완전단백질 불완전 단백질 부분 불완전 단백질

가) 아미노산

- 아미노산은 단백질을 구성하는 가장 기본 단위 [2021]

아미노산의 영양적 분류

필수	불필수	조건부 필수
이소루신 루신 발린 리신 메티오닌 페닐알라닌 트레오닌 트립토판	알라닌 아스파라긴 아스파르트산 세린	히스티딘 아르기닌 시스테인 글루타민 글리신 프롤린

나) 단백질 1차 구조

- 아미노산 두 개가 펩타이드 결합으로 입체적 형태 형성

다) 단백질 2차 구조

- 폴리펩티드 사슬간의 수소, 혹은 황 결합으로 형성
  - α-힐릭스, 혹은 β-시트 형성

라) 단백질 3차 구조

- R군의 특성에 의해 입체적 구조와 안정성을 갖게 되는 단계

마) 단백질 4차 구조

- 폴리펩티드가 2개 이상 연합한 완성 상태

나. 단백질의 기능

가) 체조직의 성장과 유지: 세포, 근육, 장기 등 인체의 주요 구성 물질

나) 효소와 호르몬 생성: 아미노산은 효소와 호르몬의 전구체 역할

다) 항체와 면역세포 생성: 아미노산은 항체와 면역세포의 전구체로 작용

라) 체액 평형 유지: 체액 내 삼투압, 산·염기 조절

마) 포도당신생합성: 혈당 저하 시 포도당 신생합성으로 당 공급

바) 운반단백질: 지질, 무기질 등 체내 이동

(2) 단백질의 대사 [2023]

가. 아미노산 풀

- 인체는 인체의 아미노산 수준을 유지하기 위해 가변적 아미노산 풀을 운영

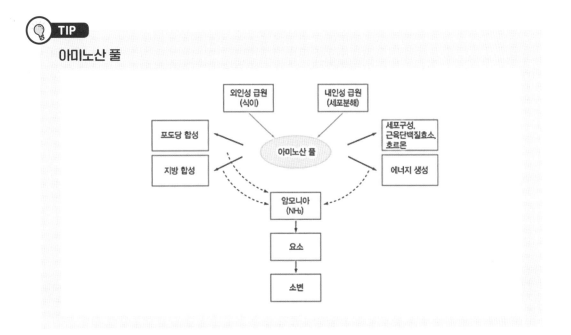

TIP

아미노산 풀

나. 단백질 합성

- DNA에 간직된 유전 정보를 통해 단백질 합성

  • 체중의 약 15%가 단백질로 구성(근육 50%, 피부·혈중 15%, 간·신장 10%)

다. 아미노기 전이(불필수 아미노사 합성)

- 케토산에 다른 아미노산의 아미노기를 전이 → 신생 아미노산 생성

라. 아미노산 이화대사를 통한 포도당 신생합성

- 탈아미노 반응을 거쳐 포도당 신생합성 혹은 지방산 산화회로 합류

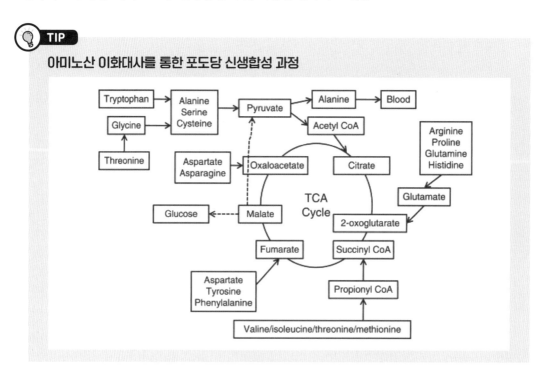

마. 요소 합성 [2018]

- 아미노산의 아미노기 → 암모니아 생성
- 암모니아 + 탄산가스 = 요소 → 신장에서 배출

(3) 단백질과 운동 [2016][2017][2022]

가. 운동과 단백질 대사

- 운동 지속 시 체내 당질이 고갈되면 아미노기 전이 반응을 통해 당질 신생합성 운동 시 BCAA 이
  동: 간 → 골격근

나. 분지사슬 아미노산(BCAA): 이소루신, 루신, 발린 [2016][2020]

- 근 글리코겐 보존, 단백질 분해율 감소

다. 경기 중 단백질 손실

- 훈련 후 인체는 소변, 땀, 위장을 통해 단백질을 배출하기 때문에, 훈련 후 즉시 단백질 보충 필요

라. 경기 후 영양: 훈련 종료 후 24-48시간 동안 단백질 동화작용이 우세하게 작용

- 단백질 종류에 따라 24시간 이내 섭취 권장(체중 1kg당 1.4-2.0g 섭취)

03 운동과 비타민·무기질

1) 비타민의 기능과 필요량

(1) 지용성 비타민 [2016][2017][2018][2020][2021][2022]

가. 지용성 비타민 종류

가) 비타민 A

- 레티놀과 레티닐 에스테르, 비타민 A 활성형을 갖는 몇몇 카로티노이드를 총칭

나) 비타민 D: 비타민 D활성을 가진 화합물을 총칭

- 피부에서 자외선을 받으면 비타민 D 합성가능

다) 비타민 E: 식물성식품에 함유

- 4개의 토코페롤, 4개의 토크트리에놀로 구성

라) 비타민 K: 혈액응고인자로 작용

나. 지용성 비타민 기능

지용성 비타민 기능

종류	기능
A	시각관련, 세포분화, 신경계 및 생식계 기능유지, 골격성장, 항암작용 및 항산화
D	혈중칼슘농도 조절, 세포분화, 근력발달, 면역기능 유지, 호르몬합성
E	항산화작용, 생식기능유지
K	혈액응고인지 합성

다. 지용성 비타민의 필요량

지용성 비타민 필요량: 20대 성인 남성기준

종류	평균필요량	권장섭취량	충분섭취량	상한섭취량
A(ugRE/일)	540	750	-	3,000
D(ug/일)	-	-	5	60
E(mg-a-TE/일)	-	-	10	540
K(ug/일)	-	-	75	-

(2) 수용성 비타민 [2016][2018][2020][2021][2022][2024]

가. 수용성 비타민 종류

가) 티아민: 비타민 B_1으로 불리며 조효소 구성성분으로 작용

나) 리보플라빈: 비타민 B_2로 대사과정의 산화·환원반응 조효소로 활용

다) 나이아신: 펠레그라 예방을 위해 필수 요소

라) 판토텐산: 대사과정 중 CoA형성에 전구체

마) 비오틴: 황을 함유하고 있으며 인체 동화작용 대사에서 조효소로 활용

바) 비타민 B_6: 에너지 대사 및 뇌신경전달물질 합성에 관여

사) 비타민 B_{12}: 동물성 식품에만 함유

아) 엽산: 성장 및 혈구형성에 필수적

자) 비타민 C: 모든 생물조직에 함유되어 있으며 포도당으로부터 합성

나. 수용성 비타민 기능 [2024]

수용성 비타민 기능

종류	기능
티아민	탈 탄산반응, 판토텐산 인산회로 조효소, 신경계작용
리보플라빈	산화–환원반응에서 전자 전달, 지방분해
나이아신	산화–환원반응에서 전자 전달, 지방분해

판토텐산	아실기 전달(TCA 회로), 지방분해
비오틴	CO_2 운반, 에너지생성, 지방산 합성
비타민 B_6	단백질 및 지방의 체내 이용률증가, 신경전달물질 합성
비타민 B_{12}	엽산대사 관여, 신경기능유지
엽산	DNA, RNA 합성, 아미노산합성, 적혈구 생성
비타민 C	항산화제, 수산화반응, 면역기능향상

다. 수용성 비타민의 필요량

수용성 비타민 필요량: 20대 성인 남성기준

종류	평균필요량	권장섭취량	충분섭취량	상한섭취량
티아민(mg/일)	1.0	1.2	-	-
리보플라빈(mg/일)	1.4	1.7	-	-
나이아신(mg NE/일)	13	17	-	30
판토텐산(mg/일)	-	-	5	-
비오틴(ug/일)	-	-	30	-
비타민 B_6(mg/일)	1.3	1.5	-	100
비타민 B_{12}(ug/일)	2.0	2.4	-	-
엽산(ug DFE/일)	320	400	-	1,000
비타민 C(mg/일)	75	100	-	2,000

2) 무기질의 기능과 섭취량

(1) 다량 무기질 [2016][2020][2022][2023]

가. 다량 무기질 종류

가) 칼슘: 인체의 무기질 중 가장 많이 존재하며 골격유지에 필수적

나) 인: 골격을 구성하는 주요 원소이며 여러 효소 성분으로 작용

다) 마그네슘: 골격과 치아에 구성성분으로 작용

라) 황: 비타민과 아미노산의 구성성분

마) 소디움(나트륨): 세포외액의 주된 양이온

바) 포타슘(칼륨): 인체에서 3번째로 많이 존재하는 무기질로 세포내액의 주된 양이온

사) 염소: 소디움과 결합하여 염화소디움 형태로 존재

나. 다량 무기질 기능 [2018][2024]

다량 무기질 기능

종류	기능
칼슘	골격구성, 혈액응고, 신경전달, 근육수축, 세포대사
인	골격구성, 세포구성, 산·염기 평형
마그네슘	골격 및 치아구성, 신경작용
황	아미노산 및 비타민 구성, 약물해독, 산·염기 평형
소디;움	신경자극전달, 삼투압조절, 산·염기 평형
포타슘	글리코겐 합성, 신경자극전달, 삼투압조절, 산·염기 평형
염소	신경자극전달, 위액형성

다. 다량 무기질의 필요량

다량 무기질 필요량: 20대 성인 남성기준

종류	평균필요량	권장섭취량	충분섭취량	상한섭취량
칼슘(mg/일)	620	750	-	2,500
인(mg/일)	580	700	-	3,500
마그네슘(mg/일)	285	340	-	350
황	-	-	-	-
소디;움(g/일)	-	2.0	1.5	-
포타슘(g/일)	-	-	3.5	-
염소(g/일)	-	-	2.3	-

(2) 미량 무기질 [2016][2017][2021][2022][2024]

가. 미량 무기질 종류 [2018]

가) 철분: 산소공급에 필수적이나 세계적으로 결핍이 잦은 무기질

나) 아연: 핵산합성 및 면역에 관여하는 무기질

다) 구리: 기능이나 대사면에서 철분과 유사한 성분

라) 요오드: 갑상선호르몬의 주요성분

마) 불소: 충치를 억제하며 주로 뼈와 치아에 존재

나. 미량 무기질 기능

미량 무기질 기능

종류	기능
철분	헤모글로빈 및 마이오글로빈 구성, 조혈작용, 효소구성, 면역유지
아연	효소 구성, 성장발달, 면역유지, 핵산합성
구리	철분흡수 보조, 결합조직 구성
요오드	갑상선호르몬 전구체
불소	충지예방, 골다공증 방지
셀레늄	글루타티온 과산화효소 성분, 항산화작용

다. 미량 무기질의 필요량

미량 무기질 필요량: 20대 성인 남성기준

종류	평균필요량	권장섭취량	충분섭취량	상한섭취량
철분(mg/일)	7.7	10	-	45
아연(mg/일)	8.1	10	-	35
구리(ug/일)	600	800	-	10,000
요오드	95	150	-	2,400
불소	-	-	3.0	10
셀레늄	45	55	-	400

1) 운동과 수분

(1) 수분의 기능

- 수분은 평균적으로 체중의 약 1/2 내지 2/3를 차지
- 수분 비율은 출생 시와 초기 아동기에 더 높은 비율 유지

인체 내 수분 비중

혈액 94%, 뇌 83%, 신장 83%, 폐 85%, 피부 75%, 눈 95%, 심장 75%, 근육 75%, 뼈 22%

성인의 수분균형

수분 섭취경로	섭취량(ml)
음료수	1,100
음식 속의 물	500-1,100
대사수	300-400
합계	1,900-2,500
수분배설경로	배설량(ml)
소변	900-1,300
피부	500
호흡	300-500
대변	200
합계	1,900-2,500

가. 수분의 구성

　가) 세포내액: 체액의 63%를 차지, 대부분 대사작용 발생

나) 세포외액: 영양소와 배설물 운반

    • 세포외액 = 혈액 + 세포간질

나. 수분의 기능

가) 용매: 물은 생명체의 용매로 작용

나) 전달기능: 세포로 영양소 및 대사물질 전달, 혈액과 림프를 통한 대사물질 제거

다) 체온조절: 체내 열의 분배와 온도조절 역할

라) 윤활유 역할: 연골과 뼈의 마모 완화, 소화기관 및 호흡기관의 윤활제 역할

다. 수분균형 기전

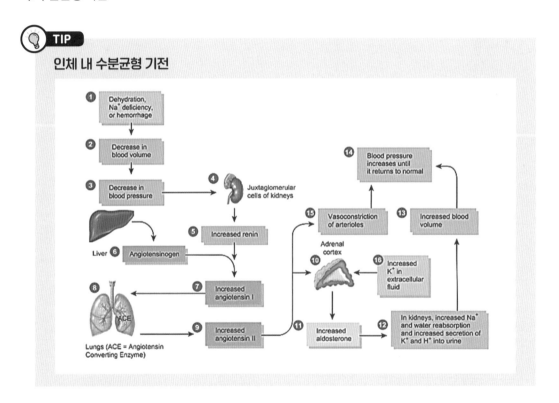

(2) 전해질 조절

- 전해질은 용액 내에 전류를 전도하는 물질
- 산, 염기, 염으로 구성

가. 전해질 종류

전해질 종류
나트륨, 칼륨, 염소, 중탄산나트륨, 황산염, 마그네슘, 칼슘 등

2) 수분 보충과 스포츠 음료 [2023]

(1) 운동 중 수분 보충 [2018]
가. 피부적시기
- 머리와 몸에 수분을 적시면 땀 손실을 방지
- 체수분 유지를 위해 장시간 운동 시 고려
- 열 스트레스에 대한 심리적 안도감 제공

나. 고수분현상
- 초과 수분 상태로 체액의 의도적 증가
- 체수분을 의도적으로 증가시켜 심혈관계와 온도조절을 증진
- 글리세롤 보충은 고수분현상 기능을 향상

다. 수분 재보충
- 수분 재보충은 가장 효과적인 운동수행능력 향상 방법
- 운동 중 손실된 체수분 보충을 목적

(2) 운동 중 전해질 보충 [2017][2022]
가. 스포츠음료 [2024]
- 땀의 고형분은 주로 전해질(나트륨, 칼륨)로 구성
- 나트륨 보충이 어려울 시 저나트륨혈증 등 운동기능 장애 발생
- 스포츠음료는 수분, 당질, 전해질 보충을 위한 가장 쉽고 빠른 방법

나. 운동 중 전해질 보충

- 90분 이하 운동의 경우 전해질 보충 없이 수분 보충 권장
- 90분 이상 지속 운동의 경우 전해질, 특히 나트륨 보충 필수

05 운동선수와 영양

1) 운동선수의 영양관리

(1) 스포츠영양학의 기능
가. 스포츠영양학: 운동 수행력을 향상시키기 위해 영양학적 원리들을 적용

 TIP

스포츠영양학의 기능

건강증진, 훈련적응 향상, 훈련과정 후 빠른 회복, 경기 중 최적의 컨디션 유지

나. 스포츠영양학자: 트레이닝과 회복, 경기에 적합한 식단을 제공, 관찰, 개선

(2) 영양판정과 신체조성 측정

가. 신체계측에 의한 판정 [2021]

　가) 체위 측정:신체계측치는 영양상태를 판정하는 좋은 자료

 TIP

생장에 따른 신체계측항목

생장단계	신체계측항목
영유아(0-1세)	신장, 체중, 두위, 흉위, 삼두근 피부두께
어린이(1-5세)	신장, 체중, 두위, 흉위, 상완위 둘레, 삼두근 피부두께
청소년기(6-20세)	신장, 체중, 상완위 둘레, 삼두근 피부두께
성인, 노년기	신장, 체중, 상완위 둘레, 삼두근 피부두께, 견갑골 피부두께

나) 체격지수 판정: 체격지수를 활용하여 비만 혹은 수척정도 파악

BMI(성인대상)

BMI = Wt(kg) / Ht(m^2)	20(18.5) 미만 = 수척 20.0-24.9(18.5-23.0) = 정상체중 25.0-29.9(23.1-25.0) = 과체중 30.0-39.9(25.1-30.0) = 경도비만 40(30.1) 이상 = 중도비만

나. 생화학적 판정

- 생화학적 검사를 통해 영양이상 파악

다. 임상증상 판정

- 영양결핍으로 인한 신체 징후를 파악하여 임상소견

라. 식사조사에 의한 판정

가) 영양섭취 상태 평가

- 24시간 회상법: 24시간 동안 섭취한 모든 음식종류와 섭취량을 조사하여 대조
- 식사기록법: 조사자 스스로 식사량을 일지에 기록하는 방식
- 식품섭취 빈도 조사법: 섭취한 식품의 빈도수를 조사
- 식사력: 개인의 과거 일상적인 식이섭취 경향을 조사하는 것

나) 영양소 섭취의 평가

- 영양권장량에 대한 100분율: 영양소별 영양권장량의 75%미만일 경우 위험
- 표준편차 점수: 개인의 섭취량과 그 집단 간의 표준편차 비교
- 영양소섭취 적정도: 개인의 영양섭취 정도를 권장량과 비교하여 직절평가
- 영양밀도지수: 섭취열량과 상관없이 식사의 영양적 균형을 나타냄

2) 체중조절과 영양

(1) 체중과 신체조성

가. 신체조성

가) 총 체지방: 필수지방과 저장지방으로 구성

- 필수지방: 뇌, 신경, 골수 등 신체구조가 기능을 하는데 필요
- 저장지방: 에너지저장소

나) 제지방량

- 단백질, 수분, 무기질과 글리코겐으로 구성

다) 골 무기질

- 수분과 단백질, 칼슘, 인을 포함한 무게

라) 체수분

- 일반적인 성인 체중의 60%는 수분으로 구성

나. 신체조성 측정방법 [2022]

(2) 운동선수의 체중감량 [2017][2023]

- 체중감량은 경기력뿐만 아니라 선수 건강에도 악영향을 미칠 수 있으므로 체계적 관리가 필요한 부분

가. 탈수

- 운동, 사우나 같은 열에 대한 노출 혹은 이뇨제 변비약 등으로 발생
- 지속된 탈수는 운동 기능 이상 및 저칼륨혈증 유발

나. 체중감량 약물

- 일부 선수들은 체중감량 약물 사용

다. 초저열량식

- 1일 800kcla 이하의 초저열량식 식사
- 초저열량식은 장기적으로 체중감량에 부정적일 뿐만 아니라 신체 기능이상 야기

라. 이상식습관

- 잦은 체중감량으로 인한 이상 식습관 형성
- 거식증, 폭식증 등

마. 무월경

- 낮은 체지방과 호르몬 대사 이상으로 무월경 지속

바. 골다공증

- 낮은 체지방은 에스트로겐 감소로 이어져 골다공증 유발

(3) 운동선수의 체중증가 [2024]

가. 과체중: 과체중은 운동수행에 오히려 부정적 영향 유발
나. 적정 체중유지: 본인의 운동수행력을 최대치로 활용한 체중 파악 및 유지
다. 체계적 식습관: 체중증가 시에도 체계적 식습관을 통한 근육비율 유지

신체조성 측정방법 [2021][2023][2024]

인체측정법	체지방을 예측할 때 신체 분절의 둘레를 측정
생체 전기저항분석법(B1A)	체수분량, 제지방 질량, 체지방을 예측하기 위해 전기적 흐름에 대한 저항을 측정
신체 체적변화기록법	총체적 변화 기록법은 공기 이동을 측정하고 체밀도를 산출함. 수중계체법에 사용된 수분 이동 프로토콜과 비교
전산단층조영술(CT)	체조직을 영상화하기 위한 X-선 스캐닝 방법
덱사 기법(DEXA, DXA)	체지방 영상을 위한 두 가지 에너지 수준에서 X-선 방법. 골질량 산출에 사용
이중 광자 흡수법(DPA)	조직을 통과하는 광자의 광선으로 연부 조직과 골 조직을 판별함. 체지방을 예측하고 골질량을 산출하는 데 사용

적외선 상호작용법	조직을 통과하는 적외선과 체지방 예측에 사용된 조직 성분과의 상호작용에 의함
자기공명영상(MRI)	자기장과 방사선 주파수가 CT 스캔과 비슷하고 체조직 영상화에 쓰임. 심부의 복부지방을 영상화하는 데 매우 유용
중성자 활성화 분석법	중성자 광선이 조직을 뚫고 지나가서 체내의 질소와 무기질 함량을 분석함. 제지방 질량 예측에 사용
피부두겹법	체지방량과 제지방 질량을 측정하기 위해 피하지방 두께를 측정
총 체칼륨 측정	주요 세포 내 이온인 총 체칼륨을 측정하여 제지방 질량과 체지방을 예측
총 체수분 측정	제지방 질량과 체지방을 예측하기 위하여 동위원소 희석법을 이용하여 총 체수분을 측정
초음파 측정	높은 빈도의 초음파 피하지방을 영상하고 체지방량을 예측하기 위해 조직을 통과
수중계측법	체밀도, 체지방, 제지방 질량을 예측하기 위한 아르키메데스 원리에 기초한 수중계체법

3) 기능성 보조제의 활용과 도핑

(1) 스포츠 보조제

- 자연계에 존재하는 성분을 식품을 통해 섭취하는 것보다, 편리하게 섭취하기 위한 영양 보조 수단

스포츠 보조제 종류

탄수화물 보충제, 단백질 보충제, 아미노산, BCAA, 클루타민, 아르기닌, 크레아틴, 비타민&미네랄 보충제 등

(2) 기능성 보조제 [2017][2018][2023][2024]

가. 알콜: 과거 운동선수들은 기능향상을 위해 경기직전, 경기 중 알콜 복용

- 에너지원 및 운동대사 활성에 도움

- 심리적 안정감 및 자신감 증가(현재 도핑 허용수치 0.10g/L)

나. 카페인: 경기 직전 카페인 섭취에 관한 연구는 현대까지 지속되어 수행 중

- 에피네프린 분비를 위해 부신을 자극

- 지방산화 증가 및 여분의 근 글리코겐 활용성 증가

- 장시간 지구성 운동에서 운동 효과 증대(현재 도핑 허용수치 15ug/mL)

다. 중탄산나트륨

- 젖산에너지시스템이 동원될 때 생성되는 젖산을 완충, 운동 지속 유지 도움

(3) 스포츠 도핑 [2018][2019][2022][2024]

가. 도핑: 경기에서 우수한 실적을 내기 위해 불법적인 약물 등을 활용하여 처치

나. 도핑금지 약물

도핑금지 약물
- 동화작용제(아나볼릭제)
- 펩티드호르몬, 성장인자, 관련약물 및 유사제
- 베타-2 작용제
- 호르몬 및 대사 변조제
- 이뇨제 및 기타 은폐제
- 흥분제
- 마약
- 카나비노이드(마리화나)

다. 혈액 도핑: 미리 뽑아둔 자신의 혈액을 재투입하거나 조혈제인 EPO를 주사

라. 2024 한국 도핑방지 위원회 도핑방지 규정위반

- 선수의 시료 내에 금지약물, 그 대사물질 또는 표지자가 존재하는 경우

- 선수 또는 기타관계자가 관련 당국에 제보하는 것을 제지하거나 보복하는 행위

- 선수 또는 기타관계자가 도핑관리 과정 중 부정행위를 하는 경우

- 선수 또는 기타관계자가 금지약물 부정거래를 시도하는 경우

건강
교육론

01 건강교육의 이해

1) 건강 및 건강교육의 개념

(1) 건강의 개념 [2016][2018][2020]

가. 세계보건기구 WHO(1948): 건강이란, 신체에 질병과 허약하지 않으며, 신체적·정신적·사회적으로 완전한 안녕(Well-being)의 상태

나. Tempkin(1953): 무병, 안녕함, 개인의 생활과 사회 생활능력을 포함하여 일상생활을 수행하는 능력과 여부

(2) 건강의 구성 요소 [2015][2016][2024]

가. 체적 건강: 신체에 질병 등이 없으며, 체력이 일상적인 생활을 할 수 있는 상태

나. 정신적 건강: 스트레스를 받더라도 이겨낼 수 있으며, 자신이 선택한 가치를 갖고, 감정적 자기 평가 및 안정된 상태

다. 사회적 건강: 사회적으로 자신의 일을 잘 수행하고, 건전한 사회적 인간관계가 이루어지는 상태

(3) 현대사회의 건강 [2021][2024]

가. 웰니스(Wellness)의 정의

나. WHO가 국제적으로 제시한 '건강'의 정의를 심화시켜 현대사회의 관점으로 건강관을 제시하였으며, 신체적 건강, 사회적 건강, 정신적 건강을 건강의 영역으로 설명

다. 미국 의학자 Dunn(1961)에 의해 '웰니스'라는 개념이 처음 언급

라. 일상생활에서 운동을 적절하게 도입하여 건강한 하루의 삶을 보낸다는 의미로 정의

마. 웰니스의 개념은 신체적, 정신적, 환경적, 사회적 건강 유형으로 설명

(4) 건강교육의 개념 [2022]

가. 건강과 질병에 대한 지식을 갖게 하는 계획된 교육과정

나. 건강 상태를 유지 및 증진할 수 있는 자기관리 능력을 함양

다. 질병을 예방하고 극복하는데 필요한 건강 행위를 스스로 실행

(5) 건강관리 행동

가. 정의
- 집단을 구성하고 있는 개인의 건강을 유지하고 증진시키고자 타율적인 지원활동의 개념

나. 목적
- 개인: 건강의 유지와 증진, 생활의 규칙화, 체력의 중심, 적응기제의 향상, 질병 예방
- 공동체: 건강 유지와 증진, 보건 행사 계획, 보건 활동의 추진, 환경의 정비개선

다. Kasl & Cobb(1966)의 건강행동 분류
- 예방적 건강행동: 자신을 건강하다고 믿으며, 어떠한 질병의 증상이 없는 상태에서 질병을 발견 또는 예방을 목적으로 행해지는 일련의 활동
- 질병행동: 질병의 증상을 지각하는 사람이 자신의 건강상태를 확인하고 적절한 치료방법을 찾기 위하여 행해지는 일련의 활동
- 병 역할 행동: 질병이 있는 사람이 병을 치유하기 위한 목적으로 행해지는 일련의 활동

2) 건강행동의 이론

(1) 매슬로우의 욕구 이론 [2018]

생리적 욕구 → 안전 욕구 → 소속과 애정 욕구 → 존경 욕구 → 자아실현 욕구

저차원의 욕구 ————————————————→ 고차원의 욕구

(2) 계획된 행동이론(TPB)
- 행동 실행에 있어 행동에 대한 의도가 중요한 역할을 함. 행동에 대한 '태도', '주관적 규범', '지각된 행동통제'는 행동의도에 영향을 미쳐 행동 수행을 결정
- 태도는 행동에 대한 주관적 긍정 및 부정적 평가 정도, 행동 결과에 대한 감정 상태

- 주관적 규범은 주위의 기대에 부응하려는 마음
- 지각된 행동통제는 행동을 실천하기 쉽다는 생각

(3) 건강신념 모형
- '건강행동'의 실천 여부는 '특정 행동'이 '특정한 결과'를 가져올 것이라는 가능성에 대한 '인식'과 '특정한 결과'에 부여한 '개인의 주관적 가치'에 의해 결정

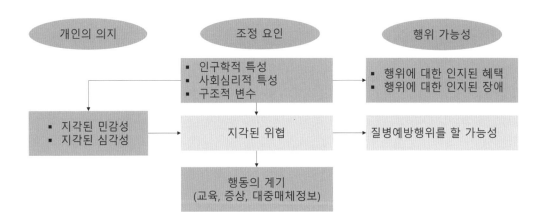

(4) 변화단계 이론
가. 계획 전 단계: 6개월 이내에 행동을 바꿀 마음이 없는 단계

나. 계획단계: 6개월 이내에 행동을 바꿀 마음이 있는 단계

다. 준비단계: 1개월 이내에 행동을 바꿀 마음이 있는 단계

라. 행동(실천)단계: 행동을 바꾸고 6개월이 지나지 않는 단계

마. 유지단계: 행동을 바꾸고 6개월이 지난 단계

바. 자기효능감: 개인이 어떤 행동을 실행할 수 있다는 강력한 믿음과 자기 확신

3) 건강과 체력

(1) 체력의 정의
- 신체활동의 기초가 되는 능력이며, 신체적 요소와 정신적 요소로 구분

(2) 체력의 구분

가. 체력 요소별 구분

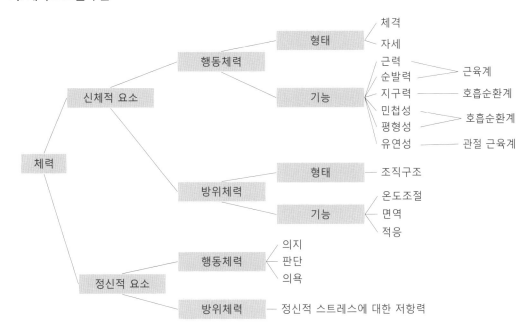

나. 행동체력과 방위체력 [2019][2021][2023]

구분		내용
행동체력	건강체력	건강을 유지 및 증진을 위한 기본적으로 필요한 체력으로 근력, 근지구력, 심폐지구력, 유연성, 신체조성으로 구분
	운동체력	운동 활동 시 필요한 능력으로 순발력, 민첩성, 평형성, 반응시간으로 구분
방위체력		인간이 생활환경으로부터 생존을 영위할 때 신체 내, 외적으로 물리, 화학적, 생물학적, 생리적, 정신적 자극 등과 같은 여러 가지 자극을 견디거나 이겨낼 수 있는 능력

4) 건강관리와 운동부족

(1) 건강을 위한 올바른 생활습관 [2018]

가. 규칙적인 운동

나. 스트레스 관리

다. 적절한 체중 유지

라. 안전한 성생활

마. 건강한 식습관

바. 숙면

(2) 운동부족증(hypokinetics) [2019]

- 성인병에 영향을 주며, 심장기능 저하, 혈관 탄력성 저하, 심폐기능 저하, 근력 및 골격의 쇠퇴 등
  으로 신체기능의 약화를 가져와 건강에 악영향을 주는 원인

(3) 운동부족으로 나타나는 질환 [2022]

가. 비만

나. 암

다. 요통

라. 신경통

마. 골다공증

바. 퇴행성 질환

사. 당뇨병

아. 순환계 질환

02 생애주기별 발육 · 발달과 건강관리

1) 인간의 생애주기

(1) 생애주기의 정의
가. 시간의 흐름에 따라 변화해 나가는 인간 생애의 일정한 단계별 과정
나. 개인 또는 가족의 생활에 발생하는 큰 변화 내용을 기준으로 구분

(2) 생애주기 구분 [2017]
가. 영아기: 생후 24개월까지, 자기 몸을 스스로 움직이고 이동할 수 있는 시기
나. 유아기: 만 3~5세까지, 대근육 운동능력이 발달하여 움직임이 많음
다. 아동기: 만 6~11세까지. 사회성 및 운동 기술이 발달하는 시기
라. 청소년기: 만 12~19세까지, 급속한 신체 변화로 제2차 성장과 신체 발육과 발달이 촉진
마. 성년기: 만 20~39세까지, 신체적, 심리적으로 성숙되며 일생 중 활력이 넘치는 시기
바. 중년기: 만 40~59세까지, 감각 능력의 감소로 지각 능력이 약화되며, 폐경기와 갱년기가 나타남
사. 노년기: 만 60세 이후, 신체 능력과 감각 · 지각능력이 쇠퇴하며 의존성이 증가

2) 발육과 발달

(1) 발육과 발달의 개념 [2018][2022]
가. 발육: 성장과 발달을 하는 개념으로 형태상의 계속적인 중대적 변화를 의미
나. 발달: 성숙을 향한 모든 속성의 증가, 확대, 분화, 개선의 과정
다. 성장: 신체 크기에 양적인 증가
라. 성숙: 실체의 질적 구조와 기능 변화를 의미
마. 골연령: 성장과 성숙을 평가하는 방법

(2) 신체의 발육·발달의 원리 [2020]

가. 발달에는 일정한 순서가 있음

나. 발달은 일정한 방향으로 진행 (두부 → 미부, 중심 → 말초, 전체 → 특수, 대근 → 소근)

다. 발달은 계속적인 과정이지만, 발달의 속도는 일정하지 않음

라. 발달은 개인차가 있음

마. 발달의 각 영역은 상호 밀접한 연관이 있음

(3) 운동발달의 영향요인

가. 개인적 요인: 유전, 호르몬, 영양, 주변 지지자, 심리적 요인(자존감, 내적 동기)

나. 사회문화적 요인: 성 역할, 대중매체, 인종과 문화적 배경

(4) 발달이론

가. 피아제(I.Piaget)의 아동 인지발달 단계 [2021][2024]

가) 감각운동기: 출생~만 2세, 감각과 신체운동 간의 관계를 통해 세상에 적응

나) 전조작기: 만 2~4세, 조작적 사고가 나타나지 않는 전개념적 사고단계와 만 5~7세의 조작적 사고가 어느 정도 가능한 직관적 사고단계로 나눔

다) 구체적 조작기: 만 7세~12세, 조작할 수 있는 능력으로 논리적 사고가 가능

라) 형식적 조작기: 만 12세 이후, 구체적 사물에 대한 의존없이 체계적으로 검증

나. 갤러휴(Gallahue)의 운동발달 단계 [2022]

가) 운동동작의 기본 요소를 통한 교육 접근 방법으로 활용

나) 반사적 움직임 단계 → 초보적 움직임 단계 → 기초적 움직임 단계 → 전문화 움직임 단계

3) 아동기 성장과 건강관리

(1) 아동기 성장의 중요성 [2016]

- 성장 잠재력이 높음

- 생리적 기능 회복이 어른에 비해 빠름

- 성인 건강에 중요한 역할

(2) 아동기 성장의 특성 [2021][2022][2024]

- 뼈대는 출생 시 270개에서 14세 전후로 350개, 성인이 되면 206개로 구성
- 여자는 남자에 비해 골 성숙 과정이 2년가량 빠르며, 몸무게 변화는 비슷한 경향
- 근육의 발달은 몸통에서 먼 부위로 일어남
- 머리의 비율을 연령이 증가할수록 감소함
- 신장은 성숙이 이루어는 시기 전 까지 지속적으로 증가

(3) 아동과 성인의 생리적 특성 비교 [2016][2020]

- 호흡수가 많음
- 분량 환기량이 낮음
- 분당 심박출량이 낮음
- 호흡교환율이 높음
- 유연성이 높음
- 체온조절 능력이 낮음
- 최대산소섭취량 적음
- 파워가 약함

4) 생애주기별 운동 특성

(1) 유아기 운동 특성 [2016]

- 연속성 있음
- 개인차 존재
- 순서적이며, 대체로 일정
- 인지적 영역 발달과 관련

(2) 아동기 운동 특성 [2018][2019][2020][2021][2024]

- 평형, 속도 및 정확성의 부족으로 인해 근육의 기능을 유지 및 개발이 중요

- 지속적 활동을 통해 신경, 근육, 호흡, 순환 기능 등 신체의 모든 기능 향상 필요

- 던지기, 받기, 차기 등의 신체활동과 달리기, 걷기, 자전거, 계단 오르기 등 전신을 사용하는 유산
  소 운동이 필요

- 주 3회 이상 점차적인 고강도 유산소 운동이 필요하며, 구기 등 단체 운동을 통해 규칙을 익힘

- 적절한 온도 및 습도가 유지되는 환경에서 실시

- 과도한 운동은 골손상을 유발하여 성장판 조기 종결 발생

- 과체중 아동은 신체활동 빈도 및 시간을 점진적 증가

(3) 비만 아동 운동 특성 [2017]

- 규칙적으로 저·중강도 위주의 유산소성 운동 실시

- 제지방량 증가를 위한 적절한 저항운동 포함

- 무릎 통증이 있다면, 달리기, 줄넘기 등과 같은 체중 부하 운동 피함

- 부상 방지를 위한 준비운동 및 보조운동 실시

(4) 청소년기 운동 특성 [2017][2024]

- 2차 성자의 발현으로 외모가 뚜렷하게 남녀 구별

- 생리적, 심리적, 정서적 급격한 변화

- 남자의 경우 신장의 변화 속도가 최고인 시기

- 여성의 경우 월경이 시작되는 시기

(5) 갱년기 운동 특성 [2015]

- 만 50세 전후의 시기, 심리적·신체적 변화 및 사회와 가정생활에서 소외감을 느낌

- 여성은 난소의 노화로 폐경이 진행되며, 우울증과 안면 홍조 등의 증상이 나타남

- 여성은 에스트로겐 수치가 떨어지고, 골 질량이 감소

- 남성은 정자가 감소하고 정력이 감퇴

- 갱년기 증상을 완화하기 위하여 지속적인 운동이 필요

(6) 노년기 운동 특성 [2017]

- 근육세포의 대사능력 감소
- 근육량 및 근력 감소
- 중추신경계 퇴화와 말초신경기능 저하
- 신경전달속도 감소로 인한 운동기능 저하
- 노년기 비만관리는 수중운동, 자전거 에르고미터 등 비체중부하 운동을 실시
- 운동시간은 일반적으로 하루 20~60분을 권장

(7) 노년기 운동처방 고려사항 [2022]

- 쉽게 피로하므로 휴식시간의 빈도를 증가
- 시각 및 청각장애, 체중부하를 고려하여 자전거 에르고미터 등 좌식운동 실시
- 운동 적응 및 회복능력을 고려하여 장시간 준비 및 정리운동 실시
- 근육통 및 상해 발생가능성이 높으므로 방향전환 동작 최소화

(8) 노년기 노화 특성 [2016][2019][2024]

- 근감소는 지근섬유에 비해 속근섬유가 큼
- 근육량 감소로 인한 근력감소
- 근력 및 평형성 기능 저하
- 뇌신경세포수 점차 감소
- 노화예방을 위해 비타민 E 섭취
- 골밀도 감소
- 체력 저하 및 신체활동 감소, 퇴행 현상 유발

(9) 노년기 중요 질환 [2018]

- 치매, 파킨슨병, 뇌졸중, 관절염

03 건강과 스트레스

1) 스트레스의 개념 및 특성

(1) 스트레스의 개념 [2016][2020]

- 개인의 신체적, 정신적 상태에 유익한 결과를 가져오는 긍정적 스트레스와 유해한 결과를 가져오는 부정적 스트레스로 분류(Hans Selye, 1956)
- 면역세포에 영향을 줌
- 신체적 질환의 원인
- 환경에 대한 몸과 마음의 반응
- 고혈압, 뇌졸중, 위궤양 등의 원인

(2) 스트레스의 일반적응증후군(기전 단계) [2018][2019][2021]

- 경계 → 저항 → 탈진으로 구성
- 경계: 인체가 스트레스에 적극적으로 저항하며, 체온 및 혈압 저하, 저혈당, 혈액농축 등의 쇼크가 나타남
- 저항: 경계 반응 이후 지속되는 스트레스 노출에 저항이 강해짐
- 탈진: 스트레스 저항력이 감소하여 생체 다양한 증상이 나타남

(3) 스트레스 구분 [2020][2021]

- 긍정적 스트레스(유스트레스): 현재 상황은 부담스럽지만, 적절한 대응으로 신체적, 정신적 유익한 결과를 도출하는 스트레스
- 부정적 스트레스(디스트레스): 현재 상황에 대응과 적응에도 불구하고 지속되는 스트레스로 신체적, 정신적으로 유해한 결과를 도출하는 스트레스

(4) 스트레스의 원인 [2021]

가. 외적요인

- 물리적 환경: 소음, 빛, 열, 더위, 닫힌 공간, 편리함의 감소 등
- 사회적 환경: 조직의 환경(규칙, 규정, 형식적 절차, 마감시간 등), 사회적 관계(타인의 무례함, 명령, 공격적 태도, 괴롭힘 등)
- 개인적 사건: 중요한 사건(생로병사, 경제적 변화, 실직/사업실패, 승진, 결혼/이혼/사별/별거 등), 일상적 사건(출퇴근, 기계고장, 열쇠 잃어버림 등)

나. 내적요인

- 생활 습관: 카페인 섭취, 흡연, 수면 부족, 과도한 일정
- 왜곡된 인지: 부정적인 자기(비관적 생각, 자기 비난, 과도한 분석 등), 생각의 함정(비현실적인 기대, 사적인 감정 개입-일상적인 농담을 개인적인 비난으로 받아들이는 것 등), 극단적 사고, 경직된 사고, 개인적 특성(완벽주의, 일중독 등)

2) 스트레스와 건강관리

(1) 스트레스와 건강의 관계 [2017][2020]

- 일시적인 스트레스로 인한 급성 신체 반응: 땀 분비 증가, 심박수 증가, 소화기능 저하(위산분비 감소), 대사율 증가
- 지속적인 스트레스로 인한 신체 반응: 신체 질환의 발생 원인, 혈압 증가로 고혈압, 뇌졸중, 위궤양의 원인, 면역기능 저하로 정신적, 신체적 발병 및 악화

(2) 올바른 스트레스 관리 [2017][2018][2021][2023]

- 균형 잡힌 영양섭취와 규칙적인 운동
- 모든 일에 긍정적인 생각
- 명상 및 이완기법으로 스트레스 반응의 진행 속도를 느리게 유도
- 모든 사람들의 스트레스 대처 방법은 다름
- 충분한 수면

- 가벼운 걷기 또는 조깅(중강도)을 통해 근육의 긴장을 해소
- 스트레스 요인을 줄일 수 있는 적절한 강도의 운동 실시
- 자연 또는 개방적 공간에서의 운동 실시
- 재미나 관심을 느낄 수 있는 운동 실시

04 건강과 대사성 질환

1) 대사성 질환의 개념 및 특성

(1) 대사성 질환의 개념

가. 대사성 질환의 개념

- 생체 내 대사 과정에서 장애에 의하여 발생하는 질환

나. 대사성 질환의 원인

- 운동부족과 과잉영양 등 생활 습관이 원인
- 미네랄 부족으로 인체 대사 과정의 불균형
- 신체활동, 식습관 등 생활습관으로 인한 지질의 불균형
- 과도한 스트레스에 따른 내분비계의 불균형

(2) 대사증후군과 건강

가. 대사증후군의 개념 [2017][2020]

- 동맥경화와 고혈압, 비만, 당뇨병, 고지혈증 등 위험한 성인병들이 한 사람에게서 동시다발적으로 나타나는 현상
- 1988년 Dr. Reaven에 의해 심혈관계질환 위험인자들이 복합적으로 나타나는 경우를 일컬어 'Syndrome X'라고 소개되면서 알려짐

나. 대사증후군의 원인

- 비만과 관련된 인슐린 저항성이 현재 가장 설득력 있음

다. 인슐린 저항성

- 인슐린의 양이 정상적으로 분비되나, 인슐린의 작용이 감소된 상태

라. 대사증후군 판정기준(NCEP-ATPⅢ 기준) [2018][2019][2020][2021][2023]

	복부비만	중성지방	HDL-콜레스테롤	공복혈당	혈압	BMI
남자	서양인 102cm 동양인 90cm	150mg/dℓ 이상	40mg/dℓ 이하	110mg/dℓ 이상	130mg/dℓ 이상	25kg/㎡ 이상
여자	서양인 88cm 동양인 80cm		50mg/dℓ 이하			

마. 대사증후군 예방 방법

- 건강한 식이요법과 규칙적인 운동 [2016]

바. 대사증후군 개선 방법

- 대동맥 혈압 감소, 인슐린 민감성 증가, 혈중 고밀도지단백 콜레스테롤 증가 [2018]

사. 대사증후군 환자의 운동 방법 [2017]

- 체중이 늘지 않도록 주의
- 매일 30분 이상 운동 권장
- 지속적인 운동으로 고밀도지단백 콜레스테롤 증가

2) 대사성 질환의 질병

(1) 비만과 건강

가. 비만의 개념

- 체내에 지방조직이 과다한 상태이며, BMI(신체비만지수)가 동양인 25 이상, 서양인 30 이상

나. 비만의 원인

- 불규칙한 식사와 과식
- 간식과 야식과 같은 잘못된 식습관
- 운동부족
- 유전

다. BMI(체질량) 지수 계산식 [2019][2023]: 체중(kg) / 신장(m)^2

라. 비만 해소 및 예방 방법 [2018]
- 유산소성 운동을 통해 지방량 감소
- 운동과 병행하여 일상생활에서 신체활동량을 늘리는 습관
- 체중감량 프로그램과 규칙적인 운동 및 식사 관리를 병행
- 운동 지속성을 높이기 위하여 다양한 형태의 운동이 효과적

마. 비만 원인 유발 질환 [2016][2024]
- 숨찬 증상, 관절통, 고혈압, 제 2형 당뇨병, 심장혈관질환, 고지혈증, 지방간, 담석증, 폐쇄성 수면 무호흡증, 생리불순, 다낭성 난소 질환, 불임증, 성욕감퇴, 우울증, 퇴행성 관절염, 통풍

바. 비만 환자의 운동프로그램 설정 절차 [2015]
- 체지방량 측정 → 체중감량 판정 → 운동 종목 결정 → 체중 변화 진단

사. 비만 환자의 규칙적 운동을 통한 생리적 변화 [2019][2020]
- 근육량 증가 - 체지방 감소 - 심혈관 기능개선 - 기초대사량(BMR) 증가 - 제지방률 증가 - 지방세포 수 증가

(2) 당뇨와 건강
가. 당뇨병의 개념
- 인슐린의 분비량이 부족하거나 정상적인 기능이 이루어지지 않는 등의 대사질환의 일종으로, 혈중 포도당 농도가 높은 것이 특징인 질환

나. 당뇨병의 구분 [2015][2016][2017]
- 제1형과 제2형에 따라 치료와 관리에 차이가 있기 때문에 이를 구분함

구분	내용
제1형 당뇨병 (인슐린 의존 당뇨병)	- 주로 만 30세 이하 발병 - 마른 체형이 주로 발병 - 인슐린 주사 치료가 필요
제2형 당뇨병 (인슐린 비의존 당뇨병)	- 주로 만 30세 이상 발병 - 비만 체형이 주로 발병 - 운동과 식이조절 같은 생활 습관 교정 - 인슐린 저항성, 고혈압, 심혈관질환, 고지혈증, 다낭성 난소 증후군 등의 질환과 관련
기타 당뇨병	- 임신성 당뇨병, 유전적 결함 당뇨병

다. 당뇨병 진단

구분	100mg/dℓ		140mg/dℓ	공복 시 혈당
	정상형	당뇨병 경계형	당뇨병형	
	140mg/dℓ		200mg/dℓ	당 75g 섭취 2시간 후 혈당

라. 당뇨병 증상

- 다음(수분 섭취 과다), 다식(과식 및 폭식), 체중감소, 다뇨(잦은 소변)

마. 당뇨병 치료

- 식이요법과 운동요법, 약물요법으로 치료가 가능
- 우선 식이요법으로 영양섭취를 조절한 후, 운동요법으로 당 대사를 촉진

바. 당뇨병 운동 프로그램 및 건강관리 [2015][2020][2022][2023]

- 강도: 중강도 운동 추천, 이후 고당도 운동으로 서서히 증가
- 시간: 회당 20~60분 적합하며, 식후 30~60분 경과 후 실시
- 빈도: 주 3~5회 이상
- 운동프로그램 유의사항
  - 혈당 및 케톤증상일 경우 운동 중단, 인슐린 복용자들은 초기 혈당수준이 100mg/dℓ 이하로 떨어진 경우 운동 전 탄수화물을 섭취하도록 권장
- 지속적인 운동은 인슐린 감수성을 개선함
- 신경병증이 동반될 경우 발에 무리가 되는 운동을 피하는 것을 권장

(3) 고지혈증과 건강 [2023]

가. 고지혈증의 개념

- 혈액 속의 지질이 우리 몸에 필요 이상으로 많아지는 상태
- 지질의 종류인 저밀도(LDL) 콜레스테롤(나쁜 콜레스테롤)이 높은 경우, 중성지방이 높은 경우, 고밀도(HDL) 콜레스테롤(좋은 콜레스테롤)이 낮은 경우 등 비정상적인 상태이며 '이상지질혈증'이라 부르기도 함

나. 고지혈증의 원인

- 유전적 요인으로 인하여 혈액 내 특정 지질 증가로 고지혈증 발생
- 비만, 술, 당뇨병 등으로 인한 고지혈증 발생

다. 고지혈증 진단

- 혈중 총 콜레스테롤 수치가 200mg/dℓ 미만일 경우 정상으로, 200~239mg/dℓ는 고지혈증 주의, 240mg/dℓ 이상은 고지혈증으로 진단

라. 고지혈증 증상

- 대부분 증상이 없지만, 합병증이 발생하여 연관된 증상이 발생
- 황색종 발생 : 황색종은 피부나 다른 장기에 지방이 축적되어 생기는 황색의 결절 또는 플라크
- 진피황색종 (Xanthelasma): 주로 눈 주위에 나타나는 작고 평평한 노란색 플라크.
- 결절황색종 (Tuberous xanthomas): 팔꿈치나 무릎 등 관절 주변에 생기는 큰 결절.
- 건황색종 (Tendinous xanthomas): 아킬레스건이나 손가락 관절 등에 생기는 결절.
- 발적황색종 (Eruptive xanthomas): 트리글리세라이드 수치가 매우 높을 때 갑자기 나타나는 작은 노란색 발진, 주로 엉덩이, 어깨, 무릎 등에 나타남.

마. 고지혈증 치료 및 건강관리 [2015][2016][2020][2021]

- 생활요법: 이상적 체중 유지, 점진적 체중 감소, 혈중 고밀도 지단백 콜레스테롤 수치 관리
- 식이요법: 하루 섭취 식단에서 지방량을 25~35%로 제한, 지나친 탄수화물 섭취 제한
- 운동요법: 머신운동, 프리웨이트, 체중부하운동 및 HRR(여유심박수)의 40~75%의 유산소 운동 권장, 주 3회 이상, 중강도 30~60분 운동 권고
  * ACSM의 FITT 권고사항이며, 동반 질환이 없다면 건강한 성인의 운동처방 기본 지침을 따름

05 건강과 심혈관계 질환

1) 심혈관계 질환의 개념 및 특성

(1) 심혈관계 질환과 건강

가. 심혈관계 질환의 개념

- 심장과 주요 동맥에 발생하는 질환으로 주요 질병으로는 고혈압, 관상동맥질환, 협심증, 심근경색, 뇌혈관 질환, 부정맥 등

나. 심혈관계의 증상

- 호흡곤란, 가슴통증, 어지러움, 두근거리는 증상

다. 심혈관계 질환의 원인

- 고혈압, 고지혈증, 당뇨병, 흡연, 운동부족과 비만 원인
- 남성의 경우 만 55세이상, 여성의 경우 만 65세 이상에서 심혈관계 질환의 사망률이 크게 증가

라. 심혈관계 환자의 운동 방법 [2017][2019][2021]

- 운동자각도(RPE)에 의하여 운동강도를 조절
- 컨디션이 좋지 않을 경우 운동 강도 및 양을 줄이거나 중단
- 고온다습 및 저온 환경의 운동은 피함
- 유산소 운동 중 목표심박수를 통해 운동강도를 적절하게 조절
- 저항성 운동 중 반복 횟수의 목표치에 쉽게 도달하면 운동부하량을 증가
- 허혈역치가 나타나는 환자에게는 허혈역치보다 낮은 수준의 심박수와 운동량 적용
- 규칙적인 운동은 심혈관계의 수축기 혈압을 감소시킴

2) 심혈관계 질환의 질병

(1) 고혈압 질환과 건강

가. 고혈압 질환의 개념

- 위 팔에 혈압대를 감아 측정한 동맥의 압력을 기준으로 수축기혈압 140mmHg 이상, 또는 이완기 혈압(확장기혈압) 90mmHg 이상인 경우

나. 고혈압 질환의 원인

- 일차성(본태성) 고혈압: 유전적 경향 및 원인 불명이며, 발병자의 90~95% 차지
- 이차성 고혈압: 심장병, 신장 질환, 내분비 질환, 임신중독증 등의 합병증으로 발생, 발병자의 5~10% 차지

다. 고혈압 진단 [2024]

	수축기 혈압 (mmHg)		이완기 혈압 (mmHg)
정상	120미만	그리고	80미만
고혈압 전단계	120-139	또는	80-89
1기 고혈압	140-159	또는	90-99
2기 고혈압	160 이상	또는	100 이상

라. 고혈압 환자의 건강관리 [2016][2018][2019][2020][2023]

가. 식습관 관리: 과체중의 경우 열량섭취 감소, 저염식이, 저지방식이, 칼륨 섭취, 절주 및 금주

나. 운동 관리: 규칙적인 운동, 조깅·걷기 등 유산소 운동으로 최대산소섭취량의 70% 이상 권고, 항고혈압제 처치는 운동 부하 후 혈압의 급격한 저하를 유발, 저항 운동 시 발살바 메뉴버 지양, 운동실조, 어지럼증 증상 등이 나타나면 운동 중단

다. 생활습관 관리: 혈압약 복용, 금연, 정상 체중 유지, 긴장 및 스트레스 해소

(2) 관상동맥 질환과 건강

가. 관상동맥 질환의 개념

- 관상동맥이라는 심장혈관에 동맥경화증이 진행되면서 혈관이 막힘으로써 심장이 운동하거나 일

을 해야 할 때 충분한 혈류공급이 이뤄지지 않아서 심장근육에 상대적인 빈혈이 생기는 경우

나. 관상동맥 질환의 구분
- 협심증: 죽상동맥경화 및 혈전에 의해 관상동맥(심장혈관)의 내경이 좁아져 심장 근육의 혈류공급에 장애 (심근허혈)가 생기는 경우
- 심근경색 [2015][2017]: 심장근육에 산소와 영양분을 공급하는 관상동맥 혈관의 폐쇄, 산소와 영양 공급이 차단되어 심장근육 괴사가 발생한 상태

다. 관상동맥 질환의 위험인자 [2015][2016][2020][2023]
- 생활습관: 흡연, 과음, 좌식생활
- 콜레스테롤 지수: HDL-C2 수치가 40mg/㎗ 이하일 경우
- 기타: 엉덩이-허리둘레 비율 증가는 관상동맥 질환 발병 위험, 고지혈증

라. 관상동맥 질환의 예방 및 관리 [2017]
- 안전하고 효과적인 운동 습관
- 규칙적인 운동과 정기적인 혈압 측정
- 사전 평가 결과를 토대로 운동프로그램 설정

마. 관상동맥 질환의 운동방법(ACSM 권고) [2019]
- 저강도 운동부터 점진적으로 강도를 높이며, 하루 20~30분, 주당 3~4회 권장
- 운동 중의 가슴통증, 현기증, 식은땀은 위험신호이므로 안정을 취하도록 함
- 심혈관질환이 있는 환자는 저항운동을 격일로 주 2~3일 실시하도록 권장
- 관상동맥질환이 있는 환자는 팔에르고미터, 로잉머신, 트레드밀, 계단 오르기 등 다양한 형태의 운동 가능

(3) 동맥경화증과 건강
가. 동맥경화증의 개념
- 동맥이 두꺼워지고 그 안쪽에 지방, 석회질 등이 침착하고 혈전이 형성되는 등 여러가지 변화가 발생한 상태

나. 동맥경화증의 발병 원인
- 콜레스테롤과 지방 과다 섭취, 스트레스, 가족 유전력, 비만, 흡연, 과음, 운동부족, 고지혈증, 고혈압, 당뇨병 등

다. 동맥경화증의 치료 및 예방 [2016]
- 규칙적인 운동
- 금연 및 절주/금주
- 고혈압 관리
- 저염식이 및 저지방 식이
- 당뇨병 조절

(4) 뇌혈관질환(뇌졸중)과 건강
가. 뇌혈관질환의 개념
- 뇌의 일부분에 혈액을 공급하는 혈관이 막히거나(뇌경색) 터짐(뇌출혈)으로써 그 부분의 뇌가 손상되어 나타나는 신경학적 증상

나. 뇌혈관질환의 구분
- 허혈성 뇌졸중(뇌경색): 뇌에 혈액을 공급하는 뇌혈관이 동맥경화 및 혈전으로 막혀 혈류에 장애가 나타나는 증상
- 출혈성 뇌졸중(뇌출혈): 뇌혈관에 출혈이 생기고 혈액 공급이 차단되는 증상

다. 뇌혈관질환의 원인
- 고령의 나이, 고혈압, 당뇨병, 심장질환, 흡연, 과음, 고지혈증, 비만, 운동부족, 동맥경화증

라. 뇌혈관질환 예방 및 운동방법
- 규칙적인 운동, 걷기 및 달리기 등 유산소 운동 권장
- 1회 30~60분, 주 3회 운동 권장

(5) 심부전증과 건강 [2023]

가. 심부전증의 개념

- 심장이 신체의 요구를 충족시킬 만큼 충분한 혈액을 펌프질하지 못하는 상태이며, 심장의 펌프 기능이 저하되면 혈액 순환이 원활하지 않아 여러 장기에 산소와 영양 공급이 부족하게 되는 증상

나. 심부전증의 구분

- 수축기 심부전: 좌심실이 충분히 수축하지 못해 혈액을 효과적으로 펌프질하지 못하는 상태.
- 이완기 심부전: 좌심실이 충분히 이완되지 않아 혈액이 제대로 채워지지 않는 상태.
- 우심부전: 우심실이 효과적으로 펌프질하지 못해 혈액이 말초 조직으로 흐르지 못하는 상태. 주로 폐질환이나 좌심부전에 의해 발생.
- 전신성 심부전: 좌심부전과 우심부전이 동시에 발생하여 전신에 혈액 순환 장애가 생기는 상태.

다. 심부전증의 원인

- 관상동맥 질환 (Coronary Artery Disease): 심장 근육에 산소와 영양을 공급하는 혈관이 좁아지거나 막히는 질환.
- 고혈압: 지속적으로 높은 혈압이 심장의 부담을 증가시킴.
- 심근경색: 심장 근육에 산소가 공급되지 않아 손상되는 상태.
- 심장 판막 질환: 심장 판막이 제대로 작동하지 않음.
- 심근병증: 심장 근육 자체의 질환.
- 선천성 심장 질환: 선천적으로 심장 구조에 이상이 있는 경우.
- 부정맥: 비정상적인 심장 리듬이 심장의 펌프 기능을 저하시킴.

라. 심부전증 예방 및 운동방법

- 규칙적인 운동, 걷기 및 달리기 등 유산소 운동 권장
- 1회 30~60분, 주 3회 운동 권장

06 건강과 근골격계 질환

1) 근골격계 질환의 개념 및 질병

(1) 근골격계 질환과 건강

가. 근골격계 질환의 개념

- 신경과 힘줄(건), 근육 또는 이들이 구성하거나 지지하는 구조에 이상이 생긴 질환

나. 근골격계 질환의 구분

- 만성요통, 퇴행성관절염, 골다공증, 척추측만증 등

(2) 만성요통과 건강 [2016]

가. 만성요통의 개념

- 허리의 결림이나 답답함, 통증 등이 오랫동안 지속되며, 허리 주변의 근육과 인대가 오랜 시간 누
  적되고 굳어져 6개월 이상 통증이 지속되는 질환

나. 만성요통의 원인

- 척추의 추간판, 후관절, 근육, 인대 등의 이상이나 염증에 의해 발생
- 척추측만증, 척수강 협착증, 추간판 탈출증. 척추세움근(척추기립근) 손상

다. 만성요통의 증상

- 허리 통증이 있으며, 신체활동 시 통증이 심해짐
- 엉덩이와 허벅지 통증
- 다리가 저리고 통증부위가 명확하지 않음

라. 만성요통의 운동방법 [2019][2022]

- 맥캔지 운동 요법: 신전(폄) 운동으로 척추를 뒤로 펴는 동작으로, 뒤로 밀려나온 디스크의 수핵을 앞으로 이동시키는데 중점, 추간판탈출 환자에게 권장
- 윌리암 운동 요법: 멕켄지 운동과는 반대로 굴곡(굽힘)운동이며, 허리를 구부려 뒤쪽 조직들을 늘려주어, 공간을 증가시키는데 중점, 복부와 척추를 강화, 강직성척구염 환자 지양

마. 만성요통 운동의 효과 [2022]

- 근육 혈류 향상 - 약한 근육 강화 - 긴장된 근육 이완 - 척추의 압력 감소

바. 만성요통 예방 [2017]

- 물건을 들어 올릴 시 무릎을 구부리고 물건을 몸에 최대한 가깝게 붙임
- 수면 시 평평하고 단단한 침대 사용 권장
- 장시간 서 있을 경우 다리의 위치를 서로 바꾸거나 한쪽 다리를 발판에 올림

사. 만성요통 강화 운동방법 [2020]

- 규칙적인 걷기 운동
- 척추기립근 강화 운동
- 골반 심부 근육 강화 운동

(3) 관절염과 건강

가. 관절염의 개념

- 여러 가지 원인에 의해 관절에 염증이 생긴 것으로, 이러한 증상으로 나타나는 대표적인 증상은 관절의 통증

나. 관절염의 구분 [2022][2023]

- 퇴행성 관절염: 관절이 퇴화 또는 노화, 즉 늙어서 이상이 있는 경우이며, 뼈를 둘러싸고 있는 연골이 닳아 없어지거나 찢어지는 경우이고, 주로 뼈에 이상이 나타나기 때문에 골성 관절염이라고 하기도 함
- 류마티스 관절염: 면역체계의 이상으로 관절에 통증과 부종, 기형까지 나타나는 자가면역질환이

며, 관절통증 및 염증과 더불어 피로감, 식욕저하, 체중 감소, 미열, 안구 건조, 입 마름 등 전신으로 증상이 나타남

다. 관절염의 특성 [2016][2019][2022]
- 근력 및 고유수용성 감각능력 감소
- 관절의 부종이 있는 경우 관절운동(가동)범위가 제한
- 류마티스 관절염은 염증, 붓고 뻣뻣함, 화끈거림 등이 양측 사지에서 대칭적으로 나타남
- 퇴행성 관절염은 전신에 염증을 일으킬 수 있으며, 관상동맥과 관련이 있음

라. 관절염의 증상
- 퇴행성 관절염
  - 초기 증상은 연골이 파괴되기 시작하며, 움직임이 불편하고 염증으로 인해 통증 유발
  - 중기 증상은 연골의 마모가 초기보다 많이 손상된 상태이며, 통증부위가 붓거나 변형
  - 말기 증상은 연골이 거의 닳아 뼈가 직접 충동하는 상태이며, 일상생활에 지장을 줄 정도의 강도 높은 통증 발생
- 류마티스 관절염
  - 초기 증상은 피로감, 식욕 부진, 전신 쇠약감 등 모호한 증상이 먼저 일어남
  - 이후 관절증상은 염증이 침범된 관절의 통증과 종창이 일어나며, 손에서 중요 증상이 발견
  - 주요 증상은 관절이 붓고 통증을 유발하며, 열감이 느껴지고, 관절의 뻣뻣함을 느낌

마. 퇴행성 관절염의 운동 방법 [2020][2021]
- 운동 권고사항: 운동 후 적절한 휴식을 통해 관절 부종을 예방하며, 유연성 운동은 통증이 유발되지 않는 관절가동범위에서 실시함. 급성염증(열감 및 통증)이 있는 경우, 고강도 운동을 금지
- 운동 형태
  - 유산소운동: 수중운동 및 고정식 에르고미터 등이 권장되며, 동적 운동을 피하는 것을 권장
- 근력운동: 근골격계의 근력 강화가 필요하며, 질환 부위 운동을 최소화하고 정적 근력 운동 권장
- 운동강도: 관절의 상해와 통증 악화 방지를 위하여 저강도 운동을 반족적으로 시행하는 것이 효과적
- 운동빈도: 유산소 운동은 주 5회 이상, 근력 운동은 주 2~3회 이상 권장

- 운동시간: 주 150분, 1회 20~30분 운동 권장하며, 충분한 휴식시간 권장

(4) 골다공증과 건강

가. 골다공증의 개념
- '골다공'은 뼛속에 구멍이 많이 생긴다는 뜻이며, 골다공증은 뼈의 강도(골밀도)가 약해져 쉽게 골절이 되는 질환

나. 골다공증의 원인
- 골다공증의 원인은 유전적, 칼슘의 흡수 장애, 비타민 D 결핍, 폐경, 약물, 운동부족, 과음, 우울증 등

다. 골다공증이 주로 발생하는 부위: 손목, 척추, 골발, 고관절 등

라. 골다공증의 특성 [2017][2024]
- 여성이 남성에 비해 골 손실 속도가 높고 골다공증 질병 발생률 높음
- 골밀도는 폐경기 이후 두드러지게 감소
- 다이어트 및 무리한 체중감량 시 청소년에게도 발생

마. 골다공증의 예방 및 관리 [2021]
- 걷기, 조깅 등 물리적으로 뼈에 자극이 가는 운동 시행
- 체중 부하 운동은 골다공증 관리에 도움
- 유연성 및 평형감각 운동은 낙상을 예방하여 골절 위험 낮춤
- 충분한 양의 칼슘과 비타민 D를 섭취

바. 골다공증 운동방법 [2019][2020]
- 골절 위험이 있는 과격한 운동을 피함
- 반복되고 과도한 비틀림 동작 피함
- 규칙적인 걷기 운동 실시
- 낙상 위험을 방지하기 위해 평형성 향상에 필요한 하지와 몸통 근력 강화

07 건강과 신경계 질환

1) 신경계 질환의 질병

(1) 치매 질환과 건강
가. 치매 질환의 개념 [2022]
- 퇴행성 뇌질환 또는 뇌혈관계 질환 등으로 인해 기억력, 언어능력, 지남력, 판단력 및 수행능력 등의 기능이 저하됨으로써 일상생활에서 지장을 초래하는 후천적인 다발성 장애

나. 치매 질환의 증상
- 인지기능 저하 증상, 정신행동 저하 증상, 신경학적·신체적 기능 저하

다. 치매 질환의 예방 [2015][2017]
- 운동으로 인한 인지기능 향상을 통해 중추신경계 활성화 및 뉴런 유지 및 보호
- 등푸른생선, 견과류, 잡곡밥 섭취 등 식이요법
- 고혈압, 당뇨병 등 원인 질환 예방
- 하루 30분의 걷기 운동 권장
- 정기적인 건강진단

라. 치매 질환의 운동방법 [2020]
- 가급적 매일 운동하는 것을 권장
- 중증 환자의 경우 새로운 운동프로그램 적용 전 의사와 상의
- 운동 시 보호자 동석이 필요
- 인지기능 저하 환자의 경우 익숙한 동작 반복이 필요

마. 치매 질환의 운동효과 [2018]

- 인지기능 향상
- 대뇌 혈류의 증가
- 중추신경계의 활성화
- 뉴런 유지 및 보호

(2) 파킨슨병과 건강

가. 파킨슨병의 개념 [2022]

- 뇌간의 중앙에 존재하는 뇌흑질의 도파민계 신경이 파괴됨으로써 움직임에 장애가 나타나는 질환

나. 파킨슨병의 증상 [2019][2021]

- 온도조절능력이 떨어지며, 기립성조절장애에 유의
- 보행과 협응장애로 인한 낙상에 유의
- 보폭감소, 고음으로 변성, 균형감각 장애
- 신경전달물질인 도파민의 감소로 인한 질환 유발
- 떨림, 경직, 느린 운동, 보행의 불편함을 느끼며, 자세가 불안정

다. 파킨슨병의 운동방법 [2017][2018][2019][2020]

- 유산소 운동(수중운동, 걷기, 고정식 자전거 등)이 필요
- 잘못된 자세 예방과 몸통 강화를 위한 저항성 운동 필요
- 유산소운동은 최대 여유 심박수 40-59% 강도 권장
- 운동 통제가 어렵고 갑작스러운 움직임 또는 정지하지 않음
- 목 유연성 운동은 자세, 보행, 기능적 이동성의 개선에 필요하기 때문에 권장
- 보행 훈련 및 이동성 운동은 운동경직 등 낙상위험을 고려하여 구성

08 건강과 생활습관

1) 노화와 생활습관

(1) 노화와 건강

가. 노화의 개념 [2016]

- 시간이 지남에 따라 나타나는 인간의 생물학적·심리적·사회적변화로서 성장이나 성숙에 반대되는 퇴행적 변화
- 의학적으로 세포 손상이 70% 이상이면 질병으로 진단

나. 노화의 원인

- 세포의 퇴화와 세포 수의 감소
- 체내 활성산소의 증가
- 근육량과 골밀도 감소

다. 노화에 따른 신체 변화 [2019][2021][2023]

- 근육량 감소로 인한 근력 저하
- 지근섬유에 비해 속근섬유에서 근 감소도 높음
- 피부자극에 대한 민감도 감소
- 상대적 여유최대산소섭취량 감소

라. 노화예방

- 지속적인 운동 필요
- 규칙적인 생활습관(신체활동, 식습관)이 필요하며 특히, 비타민 C,E의 다량 섭취
- 근력운동과 평형성 운동을 병행하여 낙상 위험 감소

(2) 노화에 따른 질병

가. 활성산소 [2016][2022]

- 세포 내부의 작은 기관인 미토콘드리아에서 주로 생기고 체내에서 쓰이는 보통 산소보다 불안정해서 반응성이 증가되는 여러 종류의 산소를 총칭
- 활성산소는 체내 정상 세포를 공격하여 노화나 각종 질병의 원인으로 작용
- 활성산소 증가 요인: 과식, 스트레스. 과운동, 흡연, 배기가스, 미세먼지, 음주, 수면 부족, 과도한 자외선 노출
- 운동 중 발생하는 대표적인 활성산소 [2022]: 수산화라디칼, 과산화수소, 초과산화이온 등

나. 면역력 [2016]

- 면역력의 개념: 외부의 병원균 및 내부의 이물질(항원)에 저항하고 이기는 능력
- 면역반응: 세포가 외래성 또는 내인성 학원에 대해 일으키는 반응과 현상
- 특이적(적응성) 면역: 세균이나 바이러스 등이 숙주와 일단 경험(접촉)을 한 후에 생기는 항체 저항성 물질에 의한 것
- 비특이적(선천성) 면역: 어떠한 경험 없이도 생체방어에 영향을 미칠 수 있으며, 반응이 급격하게 일어나는 면역
- 면역력의 특성
  - 규칙적인 운동은 초기 및 특이적 면역반응을 촉진
  - 적응성 면역반응은 다양성, 특이성, 기억성의 특성을 보유
  - 면역반응은 세포 중 T세포와 B세포가 담당

(3) 노년기 운동의 중요성

가. 노인체력검사(SFT, Senior Fitness Test)의 개념

- 노인의 정상적인 일상 활동을 위해 필요한 신체기능을 측정하고 평가하는 검사

나. SFT의 검사방법 [2021]

- 의자에 일어섰다 앉기
- 6분 걷기
- 2분 제자리 걷기

- 의자에 앉아 몸 앞으로 굽히기

- 등 뒤로 두 손 모으기

- 의자에 앉았다 일어나 2.44m 왕복 걷기

다. 노년기 운동 효과 [2017]

- 노년기의 근력운동은 최대근력과 근비대 효과

- 심폐운동은 최대산소섭취량 및 면역력 향상

2) 기호품과 생활습관

(1) 기호품과 건강

가. 흡연이 인체에 미치는 영향 [2016][2017][2018][2019][2020][2022][2024]

- 말초 혈류량 감소

- 심장질환의 위험인자

- 심박수 및 혈압 상승

- 만성기관지염 또는 폐기종 유발

- 일산화탄소가 적혈구 내외 헤모글로빈과 결합하여 산소 운반 능력 낮춤

- 위장의 혈액순환을 방해하여 소화 기능을 약화시킴

- 폐조직을 자극하여 염증을 유발

- 간접흡연도 흡연과 같은 영향을 미침

- 운동능력 저하

- 관상동맥 질환의 발병률 높임

- 유해물질은 체내의 세포와 조직을 손상

- 뇌혈류량 감소

- 위장관 역류나 소화성 궤양 위험성이 높음

- 임신 중 흡연은 유산 또는 영아돌연사증후군과 관련이 높음

- 간접흡연은 어린이와 성인의 조기 사망 및 질환과 관련이 높음

- 간접흡연의 부류연은 직접흡연의 주류연보다 니코틴, 타르, 일산화탄소 농도가 더 높아 치명적임

나. 담배의 성분 [2020]

- 일산화탄소: 혈액의 산소운반 능력을 떨어뜨려 만성 저산소증 현상을 일으킴으로써 신진대사에 장애를 주고 조기 노화현상을 일으킴
- 니코틴: 교감과 부교감 신경을 흥분시켜 쾌감을 얻고 신경 마비로 환각 상태를 이르게 함. 각성 효과가 있어 일시적으로 정신을 맑게 하며, 흥분 시 일시적 진정 효과 유발. 말초혈관을 수축시키고 맥박을 빠르게 하며 혈압을 높임
- 타르: 흑갈색의 진한 액체로, 담배의 맛과 향을 결정, 각종 독성물질과 40여종의 발암물질을 함유하여 각종 암과 폐질환을 유발하고 면역력을 저하

다. 음주와 건강 [2015][2016][2018][2021][2022][2024]

- 알코올 의존증은 정신질환으로 분류
- 고온 또는 저온에서 음주는 건강에 해로움
- 운동 중 음주는 운동기능 저하
- 임신 중 음주는 태아 건강에 악영향
- 알코올은 뇌의 운동 중추에 영향을 미치며 협응력과 반사 능력 저하
- 과다한 알코올 섭취는 치매 발병의 원인
- 혈중알코올농도는 간이 해동하는 속도보다 마시는 속도가 빠를 때 높아짐
- 알코올 흡수와 해독은 술의 도수, 양, 속도, 성별 등에 따라 차이가 나타남
- 위를 자극하여 염증과 소화불량을 유발함
- 췌장염, 뇌졸중, 고혈압, 각종 암을 유발함
- 이뇨 작용으로 탈수 및 전해질 불균형 유발
- 간과 뇌의 질환, 위장 질환, 췌장 질환을 유발

라. 알코올의 체내 분해 과정 [2019]

- 술을 마시면 체내에 들어간 알코올은 알코올탈수소효소(ADH)에 의해 독성물질인 아세트알데히드가 되었다가 아세트알데히드 탈수소효소에 의해 물과 탄산가스로 분해됨

벼락치기로 끝내는 한 장 요약

- 운동상해
- 체육측정평가론
- 트레이닝론
- 스포츠영양학
- 건강교육론

운동상해 한 장으로 끝내기 [요약집]

1. 준비운동의 효과
- 근육 혈류 증가, 대사작용 촉진, 부상 예방, 운동
  수행력 증가, 근육통 해소 등

2. 스포츠 의학팀의 역할
- 응급처치, 치료, 재활 운동프로그램 처방 및 진
  행, 심리 상담 등을 통해 부상 선수(환자)를 스포
  츠 현장으로 복귀시키는 역할

3. 열손상
- 고온다습한 환경에서 운동은 인체 체온 조절기
  능이 제한
- 어린이와 고령자는 열 스트레스에 민감하므로
  각별히 주의

4. 열사병
- 지나친 체온상승으로 체온조절을 정상적으로 하
  지 못할 때 나타나는 생명을 위협할 수 있는 열손상
- **특징**: 심부온도 41℃ 초과, 뜨겁고 붉은 피부, 고
  혈압, 두통, 심박수 증가, 구토 등

5. 스포츠 브래지어
- 여성 선수의 스포츠 브래지어는 **쿠퍼인대**(Cooper's
  ligament) 신장을 예방하여 유방의 처짐을 방지
  하기 위한 용도

6. PNF 패턴 특징
- 25p 참조

7. 염증 반응 순서
- 세포손상 → 화학매개체 방출 → 혈관 반응(수축
  → 확장 → 부종) → 혈소판, 백혈구 혈관 침착 →
  대식반응 → 응고물형성

8. 세포손상으로 인한 형태 변화
- **화생**: 조직이 비정상적인 형태로 변함
- **이/과형성**: 비정상적인 조직 발달
- **비후**: 정상조직의 세포의 과도한 증식
- **위축**: 세포괴사, 흡수, 세포증식 감소에 의한 조
  직의 크기 감소
- **비대**: 세포 수의 증가 없이 크기만 증가

9. 기계적 손상의 종류
- **압축력**: 마주보는 방향으로 작용하는 힘
- **장력**: 서로 다른 방향으로 당기는 힘
- **전단력**: 평행 이지만 엇갈린 방향
- **굽힘력**: 2~3개의 힘이 반대쪽 끝부분에 작용하여
  굽혀지는 부하(굽혀진 면은 압축력, 볼록한 면은
  장력)
- **비틀림**: 축에 대해 위쪽과 아래쪽 끝이 반대 방향
  으로 비틀려 작용

10. 근육 좌상
- **1도**: 근섬유가 미세하게 찢어진 상태
- **2도**: 근섬유의 부분 파열
- **3도**: 근섬유의 완전 파열

11. 일반적 골절 분류
- **생목골절**: 뼈의 불완전 골절(청소년기에 주로 발생)
- **분쇄골절**: 뼈의 조각이 3개 이상인 골절
- **선단골절**: 뼈의 긴 방향으로 몸통에서 발생
- **가로골절**: 선단골절과 반대
- **사선골절**: 강한 회전에 의해 발생
- **나선골절**: S자 모양으로 골절

12. 일반적 골절 분류
- **떼임골절**: 힘줄이나 인대에 부착된 뼈의 조각이
  분리된 상태
- **안와골절**: 안구 부위의 타격으로 발생

- **함몰골절**: 편평한 뼈에서 발생
- **반충골절**: 손상된 부위 반대편에서 발생
- **피로골절**: 뼈의 만성 스트레스로 발생

13. 1차 검사
- 생명에 지장이 있는지 없는지 파악
- 목뼈 상태를 확인
- 안정을 찾은 후 2차 검사 실시

14. 2차 검사
- 활력징후를 확인
- 이동은 의료진의 확인 후 이동

15. 심폐소생술(CPR)
- 의식확인 → 구조요청 및 AED 요청 → 가슴압박
  (30회) → 인공호흡(2회)
- 복장뼈가 4~5cm 눌릴 정도
- 분당 100~120회 속도

16. 손상평가 기록(SOAP)
- **주관적**: 문진을 통한 환자의 정보 기록
- **객관적**: 시진, 촉진, 특수검사, 부종 등
- **평가**: 치료사의 전문적인 진단
- **계획**: 재활에 대한 구체적인 계획

17. 안쪽위관절융기염(골프 엘보)
- 과도한 손목관절 굽힘으로 발생
- Reverse-Mill's/Cozen'stest

18. 가쪽위관절융기염(테니스 엘보)
- 과도한 손목관절 폄으로 발생
- Mill's test, Cozen's test,

19. 드퀘르병변
- 힘줄활막염증으로 발생(긴엄지벌림근, 긴엄지폄
  근, 짧은엄지폄근)
- Finkelstein test

20. 손목터널증후군
- 손목터널의 협착으로 정중신경 압박
- Tinel sign, Phelen's test

21. 앞십자인대 손상
- 과도한 무릎 폄, 정강뼈 안쪽돌림 시 손상
- 앞십자인대 + 안쪽측부인대 + 안쪽반달연골 동
  시 파열 → 불행삼주징
- Anterior draw test, Lachman test

22. 뒤십자인대 손상
- 무릎 굽힘 + 정강뼈 지면 충돌 시 발생
- Posterior draw test, Reverse Lachman test

23. 무릎넙다리 증후군(Runner's knee)
- 넙다리뼈와 무릎뼈의 비정상적인 움직임 이나
  부정렬에 의해 발생
- 무릎의 과사용과 연관

24. 재활운동의 단기/장기 목표
- 단기: 부종 조절, 통증 감소, 기능회복 등
- 장기: 손상부위 재발방지

25. 재활 운동 프로그램 초기(급성)단계
- PRICE를 적용하여 염증과 부종의 최소화
- 스트레칭을 통한 관절가동범위 회복
- 등척석 운동 → 비체중부하 운동 → 체중부하 운
  동 → 고유수용성감각 운동 순으로 진행

26. 스포츠 현장으로의 복귀
- 스포츠 현장으로의 복귀는 가족, 코치, 선수와의
  소통을 통해 결정
- 통증 없는 관절가동범위, 근력, 근지구력, 유연
  성, 고유수용감각의 완전한 회복

체육측정평가론 한 장으로 끝내기 [요약집]

1. 측정, 검사, 평가의 개념
- **측정**: 양적(수치)으로 존재하는 모든 것
  수집된 자료/검사점수에 대한 사실판단
  [예: 키, 몸무게, 성적, 경기력, 나이 등]
- **검사**: 양적과 질적 모두 존재하는 것
  [예: IQ검사, 발달검사, 면접, 체크리스트 등]
- **평가**: 수집된 자료 혹은 검사 점수에 대해 가치판
  단과정을 평가라고 함(주관적 평가)

2. 준거지향(절대평가)과 규준지향(상대평가)
- **준거지향**: 도달기준을 설정하여 목표달성을 확
  인함(예: 90점 이상, BMI 등)
- **규준지향**: 한 집단 내 개인의 상대적 위치를 평가
  하는 것(상위 10%, 수능등급 등)

3. 평가의 구분
- **진단**: 훈련이 실시되기 전 개인의 수준 평가와 수
  준별 분류를 함
- **형성**: 훈련 중간에 실시하며 수시로 평가함
- **총괄**: 훈련이 끝나고 실시하며 훈련의 성과와 프
  로그램 효과 등을 평가함

4. 질적척도(수치X)와 양적척도(수치화가능)
1) 질적척도(명목/서열)
  (1) 명목척도: 고유명사와 같은 등위가 없음(예:
      성별, 지역, 학력, 이름 등)
  (2) 서열척도: 구분을 위한 순서관계를 나타낸
      척도(예: 1등, 100위, 등급 등)
2) 양적척도(동간/비율)
  (1) 동간척도: 절대 0점이 없는 척도로 설문에
      자주 활용(예: 심리적으로 느끼는 수준을 평
      가할 때, 온도 등)
  (2) 비율척도: 절대 0점을 가지는 척도로 가감승
      재가 가능(예: 신장, 체중, 기록, 시간 등)

5. 중심(집중)경향치와 분산도
- **평균**: 자료의 총합을 사례수로 나눈 값
- **중앙치**: 수집된 자료를 크기 순서대로 나열했을
  때, 가장 중앙에 위치하는 값
- **최빈치**: 수집된 자료에서 빈도가 가장 많은(높
  은) 값
- **표준편차**: 자료가 평균을 중심으로 얼마나 퍼져
  있는지를 나타내는 수치(분산의 제곱근)
- **사분편차**: 범위의 일종으로 수집된 자료를 크기
  순서로 4등분 배열했을 때, 세 번째 점수와 첫 번
  째 점수 차이를 2로 나눈 값
- **범위**: 분포의 흩어진 정도를 가장 간단하게 알아
  보는 방법

6. 변환점수
- **진점수(T)**: 같은 사람에게 동일한 검사를 독립적
  으로 반복하여 무한히 실시했을 때 기대되는 값
- **표준점수(Z)**: 단위가 서로 다른 검사에서 얻은 점
  수를 비교할 때 사용되는 변환 점수

7. 상관계수
- 두 연속변인 간의 상관을 나타내며 r로 표시함
- 가능 범위는 $-1.0 \leq r \leq +1.0$의 값을 가짐(값이 높
  을수록 상관이 높음을 의미)
- 정적상관=비례관계/ 부적상관=반비례관계

8. 타당도
- **의미**: 측정하고자 하는 속성을 제대로 측정하는
  가의 정도(도구의 정확성)
- **타당도의 종류**: 내용타당도(논리적 판단, 주관
  적), 준거타당도(준거, 기준), 구인타당도(내용타
  당도와 준거타당도를 포함)
- 타당도의 종류:
  (1) 내용(안면)타당도 - 영역타당도
  (2) 준거타당도 - 공인타당도, 예측타당도

(3) 구성(구인/개념)타당도
- 수렴(집중)타당도, 변별(판별)타당도, 요인 분석(이해타당도)

9. 신뢰도
- **의미**: 측정의 안정성, 일관성 등으로 표현, 측정치의 오차
- **신뢰도 종류**
- **평가자간**: 다른 사람들이 동일한 관찰에 비슷한 점수를 주는 정도
- **동형검사도**: 동일한 이론을 배경으로 한 검사 2개를 제작하여 같은 집단에게 실시
- **내적일관성**: 문항 모두를 검사로 간주하여, 문항 간의 유사성, 일치성을 추정
- **검사-재검사**: 검사점수의 안정성과 신뢰성이 높은지를 보며, 2번 연속적으로 시행
- **반분검사**: 1번 실시한 검사를 두 부분으로 나누며, 두 부분의 상관으로 추정

10. 쉘던의 3가지 체형 분류
- **내배엽(비만)**: 소화기관이 발달한 체형
- **중배엽(중간)**: 뼈대가 굵고 근육과 골격 발달
- **외배엽(마름)**: 신경조직과 피부조직이 발달

11. 체력의 분류
- **건강체력**: 신체구성, 근력, 근지구력, 시메지구력, 유연성
- **운동체력**: 순발력, 민첩성, 협응력, 평형성, 스피드

12. 신체조성 측정도구
- **수중체중측정**: 피하지방 피검자의 체중을 지상과 물속에서 측정
- **피부두겹두께**: 피하지방 분포도의 특성을 파악
- **생체전기저항**: 고주파 전기저항을 이용하여 체지방을 측정(체성분분석기로 활용)
- **자기공명영상(MRI)**: 자력에 발생하는 자기장 이용(내장지방과 피하지방 측정 가능)

- **공기(가스)치환법**: 캡슐모양에 들어가 물을 사용하지 않고 측정하는 법
- **이중에너지 X선 흡수법**: 주로 골밀도를 측정할 때 활용

13. 신체구성의 측정도구
- **신체구성의 준거측정도구**: 수중체중법, 자기공명 영상법, 이중에너지X선 흡수법, 윈게이트검사, 운동부하검사 등
- **신체구성의 규준측정도구**: 신체질량지수, 체질량지수(BMI), 지방량지수(FMI), 제지방량지수(FFMI), 허리-엉덩이둘레(WHR) 등

14. 신체활동 측정 도구
- **실험장비를 통한 직접 측정 도구**
- 만보계(보행계수계), 가속도계, 심박수 모니터링법, 간접열량측정법, 이중표지수법
- **관찰이나 질문을 통한 간접 측정 도구**
- 일일기록지, 자기보고법, 질문지, 관찰법

15. ACSM의 운동강도 분류

강도	대사당량
저강도	1.6~2.9 MET
중강도	3.0~5.9 MET
고강도	6.0 MET ≤

트레이닝론 한 장으로 끝내기 [요약집]

1. 건강관련 체력
- 근력, 근지구력, 신체조성, 유연성

2. 운동(기술)관련 체력
- 평형성, 민첩성, 협응력, 순발력, 반응시간

3. 체력검사 요소 및 순서
- 안정시 혈압 → 신체조성 분석 → 심폐지구력 →
  근력 및 근지구력 → 유연성

4. 최대산소섭취량 증가요인
- 최대심박출량 ↑ + 최대동정맥산소차 ↑
- 1회 박출량 ↑ (전부하 ↑, 후부하 ↓)
  모세혈관 ↑, 미토콘드리아 ↑

5. 심폐지구력 트레이닝에 의한 생리적 변화
- 속근섬유 → 지근섬유로 전환
- 모세혈관, 미토콘드리아 함량 증가
- 근육의 항산화능력 향상
- 베타산화 촉진으로 지방대사 증가
- 환기역치 시점의 지연
- 혈중 수소 이온 농도 조절 능력 향상
- 인슐린 저항성 감소

6. 근력 트레이닝에 의한 생리적 변화
- 근육 산화 능력, 항산화 효소 활동 증가
- 모세혈관 수 증가
- 제지방량 증가
- 안정시 대사율 증가
- 액틴과 마이오신 증가

7. 근력 트레이닝 중단
- 액틴, 마이오신 감소
- 근육, 신경계 위축
- 근파워, 근력, 근지구력 감소

8. 근력 트레이닝 중단
- 액틴, 마이오신 감소
- 근육, 신경계 위축
- 근파워, 근력, 근지구력 감소

9. 트레이닝 원리
- **과부하**의 원리: 운동 기능을 향상시키기위해 일
  상적인 부하 이상의 자극이 요구
- **점진성**의 원리: 운동의 양, 강도를 점진적 (단계
  적)으로 증가시키는 것
- **반복성**의 원리: 일시적이 아닌 장기적으로 반복
  하여 운동 효과를 높이는 것
- **가역성**의 원리: 트레이닝 중단 시 신체의 기능이
  트레이닝 전으로 돌아가는 것
- **개별성**의 원리: 성별, 연령, 건강상태 등을 고려
  하여 트레이닝 하는 것
- **특이성**의 원리: 종목, 체력별로 목적에 부합하는
  트레이닝 진행
- **다양성**의 원리: 단조로움과 지루함을 극복하기
  위한 다양한 트레이닝 계획

10. 준비운동의 효과
- 근육 혈류 증가, 대사작용 촉진, 부상 예방, 운동
  수행력 증가, 근육통 해소 등

11. 정리운동의 효과
- 젖산의 제거, 산·염기 평형 유지, 근육통 완화,
  현기증 감소, 피로회복 등

12. 정적스트레칭
- 관절가동범위 증가에 가장 효과적, 자가억제 기
  전을 활용, 천천히 실시

13. 동적스트레칭
- 근육과 힘줄의 탄성과 협응력 향상, 상호억제 기

전을 활용, 지나친 반동 주의

14. 트레이닝 주기화 목표
- 기술적인 능력의 점진적 증진, 훈련 및 경기 수행 능력의 최적화

15. 주기화모형
가) 장주기(Macro Cycle): 연간 주기 혹은 올림픽 주기
나) 중주기(Meso Cycle): 주간, 월간 주기
다) 단주기(Micro Cycle): 주간 주기

16. 트레이닝을 위한 주기화 4단계
가) 준비 기간(Preparatory Period)
나) 1차 이행 기간(1st Transition Period)
다) 시합 기간(Competition Period)
라) 2차 이행 기간(2nd Transition Period)

17. 고지 환경의 특성
- 지상보다 낮은 공기밀도
- 대기의 낮은 산소분압
- 헤모글로빈 산소포화도 저하
- 저산소증 발생 유발
- 급격한 체온변화 유발

18. 고지 환경 트레이닝효과
- 적혈구와 모세혈관의 수를 증가
- 헤모글로빈과 마이오글로빈 생성을 증가
- 혈액의 산소 운반능력 향상

19. 중추이론
- 저산소 환경에 적응을 통해 혈액 수준에서의 산소운반능력 개선을 통한 지구력의 향상

20. 고온환경 스트레스 열지표
- 건구(dry bulb) 온도
- 습구(wet bulb) 온도
- 복사(black globe) 온도

- 대기(air globe) 온도

21. 고온순응
- 체온감소
- 땀배출 증가
- 혈류량 증가
- 열사병 예방

22. 발달 단계화 트레이닝 지침
- 인체는 생애주기 별로 발달 단계와 목표 차이
- 기본 운동 원리는 동일하게 적용하나 연령별 특수성을 고려
- 준비운동 정리 운동 및 운동 전 사전 운동검사 실시

23. 아동·청소년기 트레이닝 효과
- 성장발달 도모(성장판자극)
- 비만 예방 및 당뇨병 위험 감소
- 심폐지구력 및 근력 향상

24. 운동성 피로의 원인
가) 에너지고갈
나) 대사산물의 축적
다) 중추신경계와 심리적 피로

25. 운동성 피로의 회복
가) 고탄수화물 식이와 에너지원 보충
나) 정리운동 습관화, 냉온욕, 마사지 등을 통한 부산물의 제거
다) 비타민, 미네랄 섭취를 통한 체액과 전해질 균형유지

스포츠영양학 한 장으로 끝내기 [요약집]

1. 영양소의 구분
- 에너지 영양소: 탄수화물, 지질, 단백질(운동 시 활용)
- 조절 영양소: 비타민, 무기질, 수분

2. 영야섭취기준
- 평균필요량
  : 건강한 사람들의 일일 영양소 필요량의 중앙값
- 권장섭취량
  : 전체 인구집단 97.5%의 영양소 필요량
- 충분섭취량
  : 건강한 사람들의 영양소 섭취량의 중앙값
- 상한섭취량
  : 유해한 영향이 없는 최대 영양소 섭취량

3. 탄수화물기능
- 에너지 공급
- 혈당유지
- 단백질 절약작용
- 체내대사조절

4. 젖산 생성과정
- 해당과정에서 생성된 피루브산이 TCA 회로로 들어가지 못하면 젖산으로 환원

5. 포도당 신생합성
- 2개의 피루브산으로 포도당 1개 생성 = 6ATP 사용

6. 코리 & 알라닌 회로
- 코리: 해당과정에서 생성된 젖산이 혈관을 통해 간으로 이동하여 포도당으로 재합성
- 알라닌: 알라닌은 혈관을 통해 간으로 이동하여 포도당으로 재합성

7. 지질의 기능
- 에너지 공급
- 구조
- 대사조절

8. 베타산화과정
- 미토콘드리아에서 지방산이 분해되어 아세틸
- CoA와 NADH, FADH2를 생성

9. 지질과 운동
- 지질은 유산소대사에서 많은 에너지 생성(유산소대사만 이용가능)

10. 아미노산
- 아미노산은 단백질을 구성하는 가장 기본 단위

11. 필수아미노산
- 이소루신, 루신, 발린, 리신, 메티오닌, 페닐알라닌, 트레오닌, 트립토판, 히스티딘

12. 단백질의 기능
- 체조직의 성장과 유지
- 효소와 호르몬 생성
- 항체와 면역세포 생성
- 체액 평형 유지
- 포도당신생합성
- 운반단백질

13. 요소합성
- 아미노산의 아미노기 → 암모니아 생성
  : 암모니아 + 탄산가스 = 요소 → 신장에서 배출

14. 분지사슬아미노산(BCAA)
- 이소루신, 루신, 발린

15. 운동과 단백질 대사
- 운동 지속 시 체내 당질이 고갈되면 아미노기 전이 반응을 통해 당질 신생합성

16. 경기 후 단백질 영양
- 단백질 종류에 따라 24시간 이내 섭취 권장(체중 1kg당 1.4-2.0g 섭취)

17. 지용성 비타민
- A, D, E, K

18. 항산화 비타민
- A, E, C

19. 수용성 비타민
- 티아민, 리보플라빈, 나이아신, 판토텐산, 비오틴, 비타민 B_6, 비타민 B_{12}, 엽산, 비타민 C

20. 다량 무기질
- 칼슘, 인, 마그네슘, 황, 소디, 움, 포타슘 염소

21. 미량 무기질
- 철분, 아연, 구리, 요오드, 불소, 셀레늄

22. 칼슘, 인
- 뼈의 주요 구성성분

23. 철분
- 혜모글로빈과 마이오글로빈의 구성성분으로 산소 운반에 필수

24. 수분의 구성
- 세포내액: 체액의 63%를 차지, 대부분 대사작용 발생
- 세포외액: 영양소와 배설물 운반

25. 전해질
- 전해질은 용액 내에 전류를 전도하는 물질로 산, 염기, 염으로 구성
- 나트륨, 칼륨, 염소, 중탄산나트륨, 황산염, 마그네슘, 칼슘 등

26. 스포츠음료
- 스포츠음료는 수분, 당질, 전해질 보충을 위한 가장 쉽고 빠른 방법

27. 탈수
- 운동, 사우나 같은 열에 대한 노출 혹은 이뇨제 변비약 등으로 발생
- 지속된 탈수는 운동 기능 이상 및 저칼륨혈증 유발

28. 카페인
- 에피네프린 분비를 위해 부신을 자극
- 지방산화 증가 및 여분의 근 글리코겐 활용성 증가
- 장시간 지구성 운동에서 운동 효과 증대(현재 도핑 허용수치 15 ug / mL)

29. 도핑
- 경기에서 우수한 실적을 내기 위해 불법적인 약물 등을 활용하여 처치

30. 도핑금지약물
- 동화작용제, 펩티드호르몬, 성장인자, 관련약물 및 유사제, 베타-2 작용제, 호르몬 및 대사 변조제, 이뇨제 및 기타 은폐제, 분제, 카나비노이드(마리화나)

건강교육론 한 장으로 끝내기 [요약집]

1. 건강의 개념
- WHO(1948): 건강이란, 신체에 질병과 허약하지 않으며, **신체적·정신적·사회적**으로 완전한 안녕(Well-being)의 상태

2. 행동체력과 방위체력
행동체력은 건강체력과 운동체력으로 나눔.
- **건강체력**: 근력, 근지구력, 심폐지구력, 유연성, 신체조성
- **운동체력**: 순발력, 민첩성, 평형성, 반응시간
- **방위체력**: 생활환경에서 생존을 위해 자극을 견디고 이겨내는 능력

3. 발육과 발달
- 발육: 형태상의 중대적 변화
- 발달: 성숙을 향한 모든 속성의 증가, 확대

4. 아동기 운동특성
- 평형, 속도, 정확성을 위해 근육의 기능 향상
- 지속적 활동을 통해 신체 모든 기능 향상
- 던지기, 받기 등 신체활동 + 달리기 등 전신 유산소 운동 필요
- 주 3회 점진적 고강도 유산소 + 구기 등 단체운동

5. 노년기 특성
- 체력저하 및 신체활동 감소, 퇴행 현상 유발
- 뇌신경세포수 감소
- 치매, 파킨슨병, 뇌졸중, 관절염 등 질환
- 지근섬유에 비해 속근섬유 감소 폭 큼

6. 스트레스의 일반적응증후군(기전 단계)
- **경계 → 저항 → 탈진**으로 구성
- 경계: 인체가 스트레스에 적극적으로 저항
- 저항: 지속되는 스트레스 노출에 저항 강해짐
- 탈진: 스트레스 저항력이 감소로 다양한 증상

7. 스트레스의 구분
- **긍정 스트레스**: 적절한 대응으로 유익한 결과를 도출하는 스트레스
- **부정 스트레스**: 대응과 적응에도 불구하고 지속되는 스트레스로 유해한 결과 도출

8. 대사증후군 판정기준(NCEP-ATPⅢ 기준)

	복부 비만	중성 지방	HDL -콜레스테롤	공복 혈당	혈압	BMI
남	서양인 102cm 동양인 90cm	150 mg/dℓ 이상	40mg/dℓ 이하	110 mg/dℓ 이상	130 mg/dℓ 이상	25 kg/m² 이상
여	서양인 88cm 동양인 80cm		50mg/dℓ 이하			

9. 당뇨병의 구분
- 제1형: 마른체형, 인슐린 치료 필요
- **제2형: 비만체형, 운동 + 식이조절**로 교정 가능
- 기타: 임신성 당뇨병, 유전적 결함 당뇨병

10. 당뇨병 운동프로그램 및 건강관리
- 강도: 중강도 운동 추천, 이후 고당도 운동으로 서서히 증가
- 시간: 회당 20~60분 적합하며, 식후 30~60분 경과 후 실시
- 빈도: 주 3~5회 이상

11. 고지혈증 치료 및 건강관리
- 생활요법, 식이요법, 운동요법으로 관리
- 생: 이상적 체중 유지, 콜레스테롤 수치 관리
- 식: 하루 지방량 25~35% 제한, 탄수화물 제한
- 운: HRR 40~75%, 주3회 유산소운동 권장

12. 심혈관계 환자 운동 방법

- 운동자각도(RPE)에 의하여 운동강도를 조절
- 컨디션이 좋지 않을 경우 강도 및 양 조절
- 허혈역치보다 낮은 수준의 심박수와 운동량 적용

13. 고혈압 진단 및 원인

- 수축기혈압 140mmHg 이상, 또는 이완기혈압 (확장기혈압) 90mmHg 이상인 경우
- 일차성(본태성) 고혈압: 유전적 경향 및 원인 불명이며, 발병자의 90~95% 차지
- 이차성 고혈압: 심장병, 신장 질환, 내분비 질환, 임신중독증 등의 합병증으로 발생, 발병자의 5~10% 차지

14. 관상동맥 질환의 구분

- 협심증: 죽상동맥경화 및 혈전에 의해 심장 근육의 혈류공급에 장애 (심근허혈)가 생기는 경우
- 심근경색: 심장근육에 산소와 영양분을 공급하는 관상동맥 혈관의 폐쇄, 산소와 영양 공급이 차단되어 심장근육 괴사가 발생한 상태

15. 관상동맥 질환의 위험인자

- 생활습관: 흡연, 과음, 좌식생활
- 콜레스테롤 지수: HDL-C2 수치가 40㎎/㎗ 이하일 경우
- 기타: 엉덩이-허리둘레비율 증가는 관상동맥 질환 발병 위험, 고지혈증

16. 만성요통의 운동방법

- 맥캔지: 신전(폄) 운동으로 척추를 뒤로 펴는 동작으로, 뒤로 밀려나온 디스크의 수핵을 앞으로 이동시키는 데 중점
- 윌리암: 굴곡(굽힘)운동이며, 허리를 구부려 뒤쪽 조직들을 늘려주어, 공간을 증가시키는 데 중점

17. 관절염의 특성

- 근력 및 고유수용성 감각능력 감소
- 관절의 부종이 있는 경우 관절운동 범위 제한
- 류마티스 관절염은 염증, 붓고 뻣뻣함, 화끈거림 등이 양측 사지에서 대칭적으로 나타남
- 퇴행성 관절염은 전신에 염증을 일으킬 수 있으며, 관상동맥과 관련이 있음

18. 골다공증 운동방법

- 골절 위험이 있는 과격한 운동을 피함
- 반복되고 과도한 비틀림 동작 피함
- 규칙적인 걷기 운동 실시
- 낙상 위험을 방지하기 위해 평형성 향상에 필요한 하지와 몸통 근력 강화

19. 파킨슨병의 운동방법

- 유산소 운동 필요
- 자세 교정과 몸통 강화 위해 저항성 운동 필요
- 유산소운동은 최대 여유 심박수 40-59% 강도
- 운동 통제가 어렵고 갑작스러운 움직임 또는 정지하지 않음

20. 흡연이 인체에 미치는 영향

- 말초 혈류량 감소
- 심장질환의 위험인자
- 심박수 및 혈압 상승
- 만성기관지염 또는 폐기종 유발
- 헤모글로빈과 결합하여 산소 운반 능력 낮춤

21. 음주가 인체에 미치는 영향

- 알코올 의존증은 정신질환으로 분류
- 운동 중 음주는 운동기능 저하
- 협응력과 반사 능력 저하
- 치매 발병의 원인
- 위의 염증과 소화불량을 유발함
- 뇌졸중, 고혈압, 각종 암을 유발

참고문헌

운동상해

American Academy of Orthopaedic Surgeons. (2021). *AAOS Essentials of Musculoskeletal Care 6th Edition*. *Jones & Bartlett Learning*.

American Heart Association: 2010 Ameri-can Heart Association guidelines for cardio-pulmonary resuscitation and emergency cardiovascular care, *Circulation* 122:729-67, 2010.

American Red CrossL CPR/AED *for the pro-fessional rescuer participants manual*, Bos-ton, 2006, American Red Cross.

Brad W. (2018). *The Anatomy of Sports Injuries, Second Edition: Your Illustrated Guide to Prevention, Diagnosis, and Treatment*. North Atlantic Books.

Donald A. Neumann. (2016.) *Kinesiology of the Musculoskeletal System: Foundations for Rehabilitation 3rd Edition*. Mosby.

Eric S., Jennifer S. (2001). *Sports Injury Prevention and Rehabilitation 1st Edition*. McGraw-Hill Medical.

Paoloni, J., De Vos, R. J., Hamilton, B., Murrell, G. A., & Orchard, J. (2011). Platelet-rich plasma treatment for ligament and tendon injuries. *Clinical Journal of Sport Medicine, 21*(1), 37-45.

Rees, J. D., Maffulli, N., & Cook, J. (2009). Management of tendinopathy. The American *journal of sports medicine, 37*(9), 1855-1867.

Robert S. G. (2019). *Sports Injuries Guidebook Kindle Edition*. Human Kinetics.

Melinda J. F. (2013). *Sport First Aid (Paperback, 5)*. Human Kinetics.

Michael P. (2013). *Sports injuries (Korean Edition)*. Korean Media.

Murrrell GAC, Jang, D, Lily E, Best T: the effects of immobilization and exercise on ten-don healing, *journal of Science and Medicine in Sports 2*(1 Supplement):40, 1999.

Michelle C, Katie W. F. (2019). *Acute and Emergency Care in Athletic Training First Edition*. Human Kinetics. Human Kinetics.

Lars P. (2016). *Sports Injuries: Prevention, Treatment and Rehabilitation, Fourth Edition 4th Edition*, Kindle Edition. Routledge.

Peter Tiidus. (2008). *Skeletal Muscle Damage and Repair:Mechanisms & Interventions 1st Edition*. Human Kinetics.

William E. P. (2016). *Principles of Athletic Training: A Cpmpetency-Based Approach, 15th Edition*. McGraw-Hill Education.

William E. P. (2020). *Looseleaf for Principles of Athletic Training: A Guide to Evidence-Based Clinical Practice 17th Edition*. McGraw-Hill Education.

William E. P. (2020). *Principles Of Athletic Training A Guide*. McGraw-Hill Education.

체육측정평가론

구명진, 여정성(2018). 소비자 모바일광고리터러시의 개념화와 척도개발-질적·양적 방법론을 통한 검증. **소비자학연구, 29**(2), 199-231.

권순일(2021.04.04.). 뚱뚱한 사람, 마른 사람…체형별 건강관리 법 5. **코메디닷컴**, https://kormedi.com/1337022(인출일, 2023.01.30.).

김교일, 임영무(2008). 청소년 체력인증제 검사의 준거지향기준 설정과 타당도 및 신뢰도 검증. **학교보건체육연구소 논문집, 15**(1), 1-25.

김도연(2000). 남자 대학생의 체형간 건강관련체력수준과 혈중지질농도의 차이. **한국체육측정평가학회지, 2**(2), 53-66.

김순정, 양춘호(2007). 대학생들의 사상체질 및 체형과 건강관련체력에 대한 관련성. 코**칭능력개발지, 9**(4), 155-163.

김완수 외(2022). **ACSMs 운동검사·운동처방 지침**. 서울: 한미의학.

김효창(2018). **기초통계학(SPSS 24.0 버전)**. 서울: 휴먼북스.

민만식, 손방용(2018). **알기 위순 통계분석(3판)(SPSS 25.0/AMOS/HLM을 이용한)**. 서울: 학지사.

박지현, 김미옥, 김명희, 이주연, 천성욱, 신상근(2021). 남·녀 노인들의 안면피부요소와 Heath-Carter 체형 3 요소 간의 상관관계 분석. **한국발육발달학회지, 29**(4), 509-515.

백순근, 최인희(2006). 준거지향평가 기준 설정을 위한 Rasch 방법의 숙달 학습자 판정 일치도-원점수 및 Angoff 방법과의 비교를 중심으로. **교육평가연구, 19**, 157-178.

성태제(2002). **타당도와 신뢰도**. 서울: 학지사.

손영미, 오세숙, 우성남(2010). 여가라이프스타일 척도 준거타당도 검증 연구. **한국여가레크리에이션학회지, 34**(2), 111-124.

송성주, 전명식(2017). **기초통계학**. 경기: 자유아카데미.

송지준(2019). **송지준 교수의 논문통계의 이해와 적용: SPSS와 AMOS를 활용**. 경기: 21세기사.

송하나(2017). 연구도구의 내용 타당도와 문화 타당도. **아동학회지, 38**(3), 1-3.

안덕선, 임형(2001). 목표지향 검사에 의한 준거 점수 설정에 관한 연구. **한국의학교육, 13**(1), 41-45.

오수학(2000). 통합적 개념으로서의 구인타당도. **한국체육측정평가학회지, 2**(2), 67-77.

유승희, 김건일, 송종국, 윤형기(2009). **신 체육측정평가**. 서울: 대경북스.

윤승호(1998). 체육측정평가: 체력측정을 위한 준거지향 기준치 설정과 타당성 검증에 관한 연구. **한국체육학회지, 37**(2), 399-413.

이기봉(2022). **체육측정평가 (체육교사와 스포츠 지도자를 위한, 개정증보 2판)**. 서울: 레인보우북스.

임병규, 정상훈, 이정국, 노기성, 최종인, 박홍석(2003). 발육발달학에 있어서 사상체질의 수용. **한국발육발달학회지, 11**(2), 131-137.

정명숙, 이순원(1998). 여성 하반신 체형의 유형화 및 체형의 판별. **한국의류학회지, 22**(2), 241-249.

정윤경(2015). 능력증명 수행목표와 규준지향 수행목표 구분에 의한 학습동기의 이해. **교육문제연구, 28**(4), 45-75.

정찬모, 김원기, 박승용(2000). 체육측정평가: 윗몸일으키기 검사의 준거지향기준에 관한 연구. **한국체육학회지, 39**(2), 668-674.

정혜진, 김소라(2008). 근육형 남성의 체형 분류에 관한 연구: 상반신을 중심으로. **대한인간공학회지, 27**(2), 25-37.

Choi, S. H., Sung, Y. H., Kim, D. Y., Joo, M. I., Cho, M. R., Sim, J. S., & Kim, H. C. (2018). Design of a Posture Evaluation Program Based on Musculoskeletal System. *Advanced Science Letters, 24*(3), 2050-2053.

Guimond, S., & Massrieh, W. (2012). Intricate correlation between body posture, personality trait and incidence of body pain: A cross-referential study report. *PLoS One, 7*(5), e37450.

Norris, C. M. (1995). Spinal stabilisation: 4. Muscle imbalance and the low back. *Physiotherapy, 81*(3), 127-138.

트레이닝론

American College of Sports Medicine (ACSM), Yuri F., Meir M. (2021). *ACSM's Fitness Assessment Manual (American College of Sports Medicine) Sixth Edition*. LWW.

Educational Testing Group. (2018). *NSCA-CPT PERSONAL TRAINER EXAM: Certified Personal Trainer Exam*. Independently published.

Gym Workout & Fitness Publishing. (2021). *Personal Trainer Client Log Book: Ultimate Workout Planner | Keep Tracking Your Clients, Plan Their Sessions, Log Their Progress (Personal Trainers and Fitness Instructors Books)*. Independently published.

Mark V. (2018). *New Anatomy for Strength & Fitness Training: An Illustrated Guide to Your Muscles in Action Including Exercises Used in CrossFit (R), P90X (R), and Other Popular Fitness Programs (IMM Lifestyle Books)*. Design Originals.

National Academy of Sports Medicine (NASM). (2021). *NASM Essentials of Personal Fitness Training 7th Edition*. Jones & Bartlett Learning.

NSCA, Brad J. S., Ronald L. S. (2021). *NSCA's Essentials of Personal Training Third Edition*. Human Kinetics.

Scott K. P., Stephen L. D., Erica M. J, (2013). *Total Fitness & Wellness (6th Edition) 6th Edition*. Pearson.

Schedules press Publishing. (2022). *Personal trainer client log book for multiple clients: Client Data & Appointment Organizer for Multiple Clients with Index & Pre-Numbered Pages To Client, tracker journal notebook for*. Independently published.

Trent Hargens, American College of Sports Medicine (ACSM). (2021). *ACSM's Resources for the Personal Trainer (American College of Sports Medicine) Sixth Edition*. LWW.

스포츠영양학

Bean, A. (2022). *The complete guide to sports nutrition*. Bloomsbury Publishing.

Benardot, D. (2020). *Advanced sports nutrition*. Human Kinetics Publishers.

Meyer, F., O'Connor, H., & Shirreffs, S. M. (2007). Nutrition for the young athlete. *Journal of sports sciences*, *25*(S1), S73-S82.

Bilderback, L., & Nissenberg, S. K. (2009). *The Everything Family Nutrition Book: All you need to keep your family healthy, active, and strong*. Simon and Schuster.

Campbell, A. (2009). *The Men's Health Big Book of Exercises: Four Weeks to a Leaner, Stronger, More Muscular You!*. Rodale.

Clark, N. (2019). *Nancy Clark's sports nutrition guidebook*. Human Kinetics.

Cook, W. E. (2003). *Foodwise: Understanding what We Eat and how it Affects Us: the Story of Human Nutrition*.

Dunford, M. (2006). *Sports nutrition: A practice manual for professionals*. American Dietetic Associati.

Dunford, M., & Doyle, J. A. (2021). *Nutrition for sport and exercise*. Cengage Learning.

Driskell, J. A., & Wolinsky, I. (2007). *Sports nutrition: energy metabolism and exercise*. CRC Press.

Driskell, J. A. (2007). *Sports nutrition: fats and proteins*. CRC press.

Erdman Jr, J. W., Macdonald, I. A., & Zeisel, S. H. (Eds.). (2012). *Present knowledge in nutrition*. *John Wiley & Sons*.

Escott-Stump, S. (2008). *Nutrition and diagnosis-related care*. Lippincott Williams & Wilkins.

Hartley, R. (2021). *Gentle Nutrition: A Non-Diet Approach to Healthy Eating*. Victory Belt Publishing.

Kleiner, S., & O'Connell, J. (2006). *The Powerfood Nutrition Plan: The Guy's Guide to Getting Stronger, Leaner, Smarter, Healthier, Better Looking, Better Sex--with Food!*. Rodale Books.

건강교육론

서채문(2014). **건강교육학**. 서울: 대경북스.

서울아산병원(2022). **메디컬칼럼**, https://www.amc.seoul.kr/asan/healthstory/medicalcolumn/medicalColumnList.do.

이동규, 엄우섭, 삭성태, 안근옥, 한은상(2013). **건강교육의 이론과 실제**. 서울: 레인보우북스.

장원동(2008). **현대인의 건강교육**. 경기: 교문사.

Ajzen, I. (2002). *Constructing a TPB questionnaire: Conceptual and methodological considerations*.

Birghan, C., Mundt, E., & Gorbalenya, A. E. (2000). A non-canonical Lon proteinase lacking the ATPase domain employs the Ser-Lys catalytic dyad to exercise broad control over the life cycle of a double-stranded RNA virus. *The EMBO journal, 19*(1), 114-123.

Dunn, H. L. (1961). *High level wellness*.

Eckel, R. H., & Cornier, M. A. (2014). Update on the NCEP ATP-III emerging cardiometabolic risk factors. *BMC medicine, 12*, 1-9.

Glickstein, M., & Stein, J. (1991). Paradoxical movement in Parkinson's disease. *Trends in neurosciences, 14*(11), 480-482.

Kasl, S. V., & Cobb, S. (1966). Health behavior, illness behavior and sick role behavior: I. Health and illness behavior. *Archives of Environmental Health: An International Journal, 12*(2), 246-266.

Maslow, A. H. (1998). Maslow on management. John Wiley & Sons.

Room, R., Babor, T., & Rehm, J. (2005). Alcohol and public health. *The lancet, 365*(9458), 519-530.

Tempkin, O. (1953). What is health? Looking back and ahead. Epidemiology of health, 21.

Yoon, V., Maalouf, N. M., & Sakhaee, K. (2012). The effects of smoking on bone metabolism. *Osteoporosis International, 23*, 2081-2092.

1급

전문 · 생활스포츠지도사

ⓒ 신승아 · 전기제 · 김종걸 · 성준영 · 정덕화, 2024

개정판 1쇄 발행 2024년 7월 1일

지은이   신승아 · 전기제 · 김종걸 · 성준영 · 정덕화
펴낸이   이기봉
편집   좋은땅 편집팀
펴낸곳   도서출판 좋은땅
주소   서울특별시 마포구 양화로12길 26 지월드빌딩 (서교동 395-7)
전화   02)374-8616~7
팩스   02)374-8614
이메일   gworldbook@naver.com
홈페이지   www.g-world.co.kr

ISBN   979-11-388-3214-4 (13690)